L'AGENDA DE MISTER BEAN

TRADUIT DE L'ANGLAIS PAR JÉRÉMIE GAZEAU

COLLECTION LE SENS DE L'HUMOUR
dirigée par Arnaud Homarcher

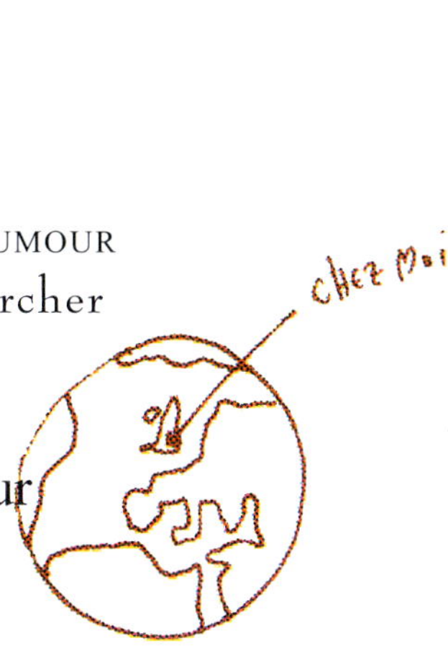

le cherche midi éditeur
23, rue du Cherche-Midi
75006 Paris

Adresses et Numéros de Téléphone

La Reine
Buckingham Palace (appartement n° 1)
Londres
Angleterre — Liste rouge

[illegible] Highbury [illegible] — [redacted]

Premier ministre
10 Downing Street
Londres
(en semaine) 071 290 3000
(le week-end) 0945 482451 (téléphone du pub)

Shirley Bassey
sur mon mur
dans ma chambre
ma maison
ma rue
Angleterre — 081 467 8290

[illegible] être ! — [redacted]

À mort à mort à mort

ADRESSES ET NUMÉROS DE TÉLÉPHONE

DIEU
PARTOUT

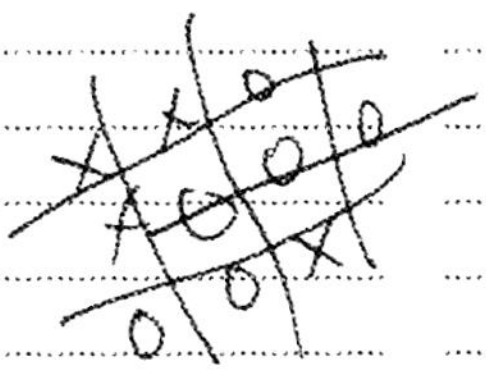

MAMAN
CIMETIÈRE DE CLAPHAM 0717365926

GRAND-PÈRE
[illegible]
[illegible]
(A EMMÉNAGÉ AVEC MAMAN)

Décembre

Vendred

OOOH ! UN AGENDA POUR NOËL !

15.00 LA REINE

Samedi 25

Dimanche 26

???

PAS DE JOUR DU SEIGNEUR

LUNDI 27

11.00 COURSES
THON

~~CHÈRE MADAME REINE~~
~~CHÈRE ELIZAB~~
CHÈRE LA REINE
J'ESPÈRE QUE VOUS ALLEZ BIEN. MOI ÇA VA.
IL EST ARRIVÉ UNE CHOSE <u>SURPRENANTE</u>. VOUS VOUS RAPPELEZ PEUT-ÊTRE QUE L'AGENDA DE L'ANNÉE DERNIÈRE DISAIT QUE LE DIMANCHE ÉTAIT LE JOUR DU SEIGNEUR, COMME IL SE DOIT. ~~POURQUOI CETTE ANNÉE DEPUIS L'HOMME DE NEANDERTAL~~
~~NAPOLÉON~~
NAPOLÉON AVAIT UN GROS BIDON ☺

MARDI 28

2912777

9.00 HÔPITAL

TÉL MÉDECIN. PASSÉ LA NUIT AUX TOILETTES POUR DEUX RAISONS

THON?

Décembre

Mercredi 29

12.00 TARTE DANS LE FOUR
12.25 SORTIR LA TARTE

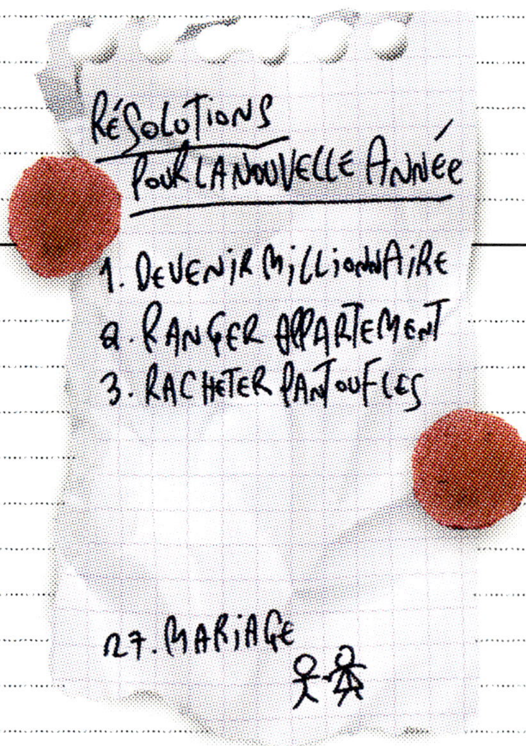

Jeudi 30

DERNIER NETTOYAGE D'OREILLES DE L'ANNÉE

RÉGLER LE RÉVEIL POUR QU'IL SONNE À MINUIT

DÉCEMBRE/JANVIER

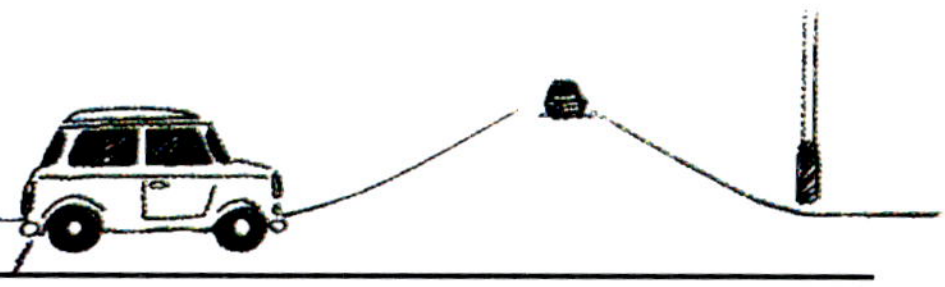

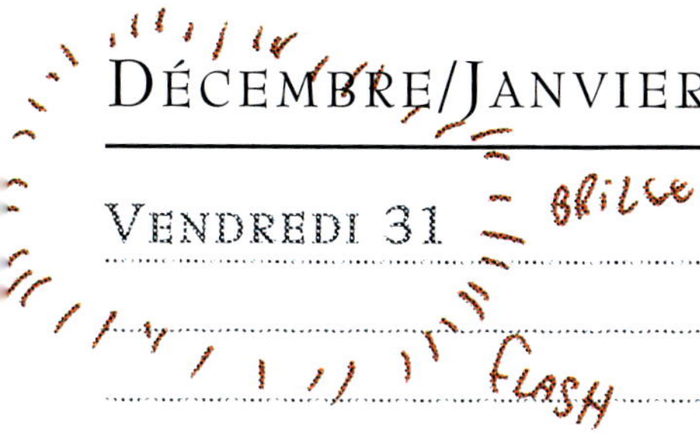

VENDREDI 31

SAMEDI 1

DIMANCHE 2

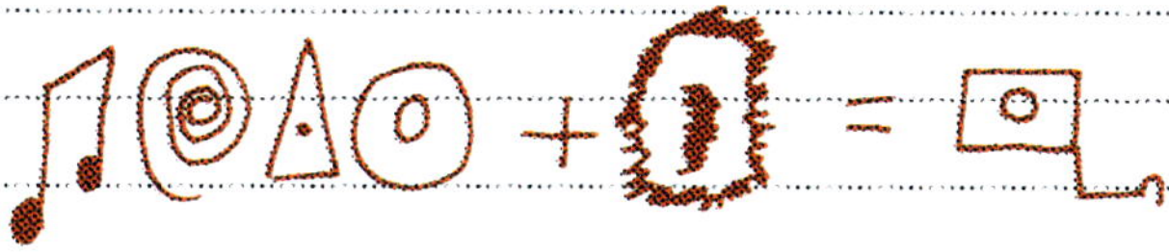

LUNDI 3

9.40 ACHETER NOUVEAU MAILLOT DE BAIN

11.00 ESSAYER NOUVEAU MAILLOT (PISCINE)

NON, LES GENS NE SONT PAS SI STUPIDES - JE VAIS ÊTRE CHARITABLE - DIEU LES A MIS SUR CETTE TERRE DANS UN BUT PRÉCIS - LE SEUL PROBLÈME C'EST QUE CE BUT BIEN PRÉCIS SEMBLE ÊTRE DE ME MARCHER SUR LES PIEDS ET DE ME POURRIR LA VIE !

MARDI 4

10.00 DÉCLARATION AU POSTE DE POLICE
(À PROPOS DU MAILLOT DÉCOUSU)

LETTRE D'EXCUSE

ADRESSE : ÉCOLE POUR JEUNES FILLES
STE-BERNADETTE
HAMPSTEAD ROAD LONDRES
NW1

CHÈRE ~~PÈRE~~ MÈRE SUPÉRIEURE
SUIS SINCÈREMENT DÉSOLÉ POUR HORRIBLE INCIDENT EN FACE DE VOS JEUNES FILLES - ~~CE N'EST PAS LA PREMIÈRE FOIS. MON DERRIÈRE ÉTAIT PROPRE~~

16.00 POSTER LETTRE

M

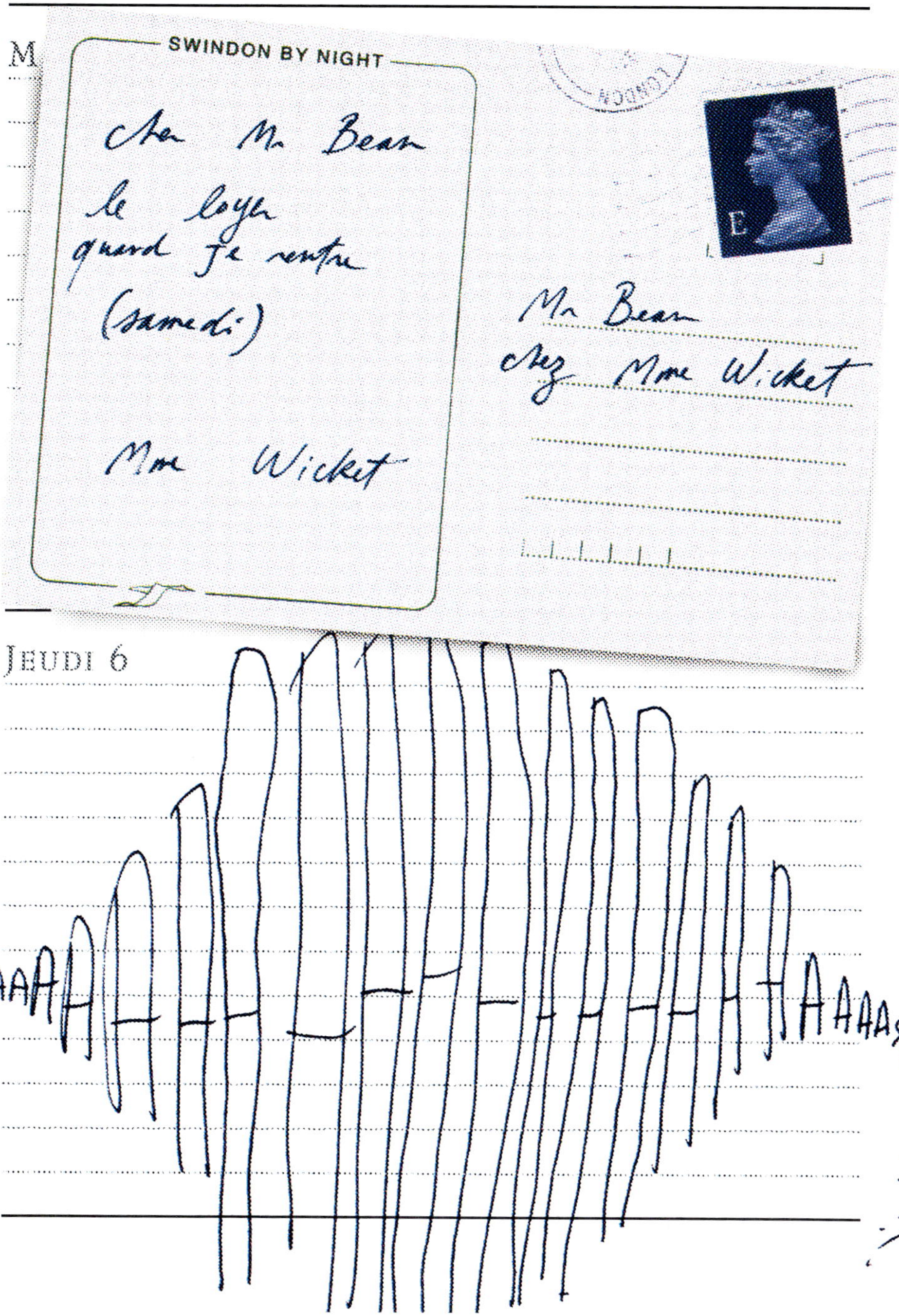

JEUDI 6

AAAAHHHHHHHHHHHHHHHHAAAASCHHHH!!!!

JANVIER

VENDREDI 7

16.00 PROBLÈME DE DERRIÈRE

SAMEDI 8

7.45 RESTER EN FORME
AVEC LA FEMME MINCE
(TV5)

9.00 20 POMPES
20 EXTENSIONS
20 TRACTIONS
20 SAUTS

DIMANCHE 9

9.00 20 POMPES
20 EXTENSIONS
20 TRACTIONS
20 SAUTS

ESSAYER L'ÉMISSION
AVEC LA GROSSE
FILLE 8.00
(2ᵉ CHAÎNE)

LUNDI 10 9.00 ~~20~~ 10 POMPES
~~20~~ 10 EXTENSIONS
~~20~~ 10 TRACTIONS
~~20~~ 10 SAUTS

10.00 BIBLIOTHÈQUE

ESSAYER DE TROUVER "LES CANONS DE NAVARONE"

"SON CORPS ÉTAIT EN PETITS MORCEAUX" DE ZAK BROOD

"LA MORT ARRIVE TOUJOURS PAR SURPRISE" (Z. BROOD)

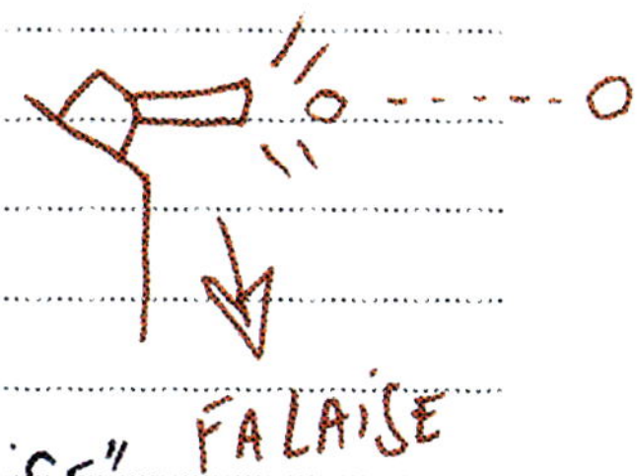

MARDI 11 9.00 ~~20~~ 4 POMPES
4 ~~20~~ EXTENSIONS
4 ~~20~~ TRACTIONS
4 ~~20~~ SAUTS

14.30 RETOURNER JETER UN ŒIL À LA BIBLIOTHÈQUE (CF. MARIAGE)

10.00 COUP D'ŒIL À LA BIBLIOTHÉCAIRE ↲

JANVIER

IRMA QUELQUE CHOSE

MERCREDI 12

9.00 20 POMPES
20 EXTENSIONS
20 TRACTIONS
20 SAUTS

JEUDI 13

~~9.00 20 POMPES~~
~~20 EXTENSIONS~~
~~20 TRACTIONS~~
~~20 SAUTS~~

NON NON

NON NON NON NON

NOOOOON

NON NON

VENDREDI 14

~~900 2. POMPES~~
~~20 EXTENSIONS~~
~~20 TRACTIONS~~
~~20 SAUTS~~

JE HAIS ÇA
JE HAIS ÇA

SAMEDI 15

DIMANCHE 16

VISITE À MAMAN

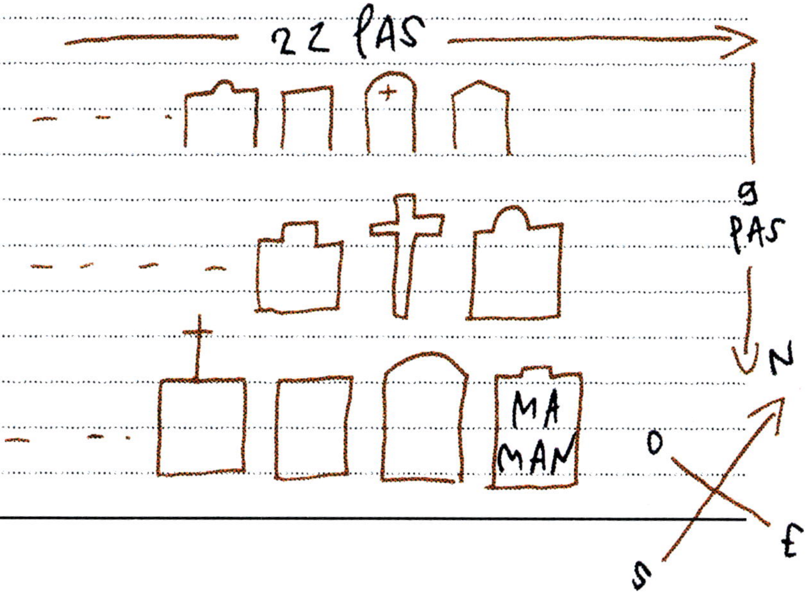

Lundi 17

TÉLÉPHONER À IRMA GOBB
(BIBLIOTHÈQUE 65 84 890)

Mardi 18

12.15 DÉJEUNER DANS LE PARC
12.25 QUITTÉ LE PARC (TROP DE CACA)

16.00 COURSES : SHAMPOING MOQUETTE
POT-POURRI

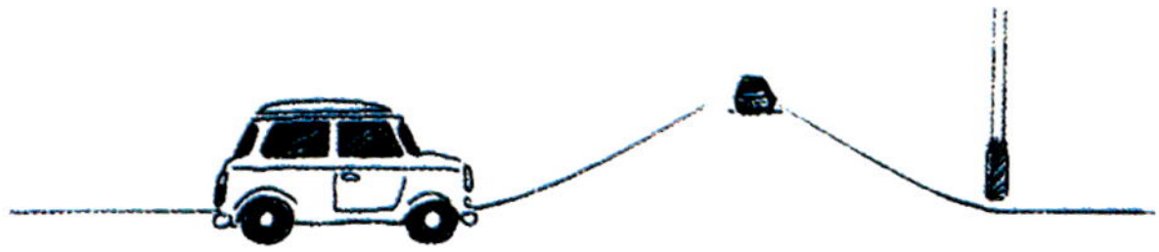

MERCREDI 19

9.15 PARC

TOUJOURS TROP DE CACA DANS LE PARC

© Mr. Bean

JEUDI 20

TÉLÉPHONER À L'INSPECTEUR MORSE

VENDREDI 21

CHER INSPECTEUR MORSE

IL Y A TANT DE CACAS DANS LE PARC
QUE VOUS AURIEZ DU MAL À LE CROIRE.
POUVEZ-VOUS ALLER Y ENQUÊTER ?
JE VOUS Y AIDERAI VOLONTIERS. J'AI UN
EXCELLENT ~~[illegible] POUR [illegible]~~
JEU DE CLÉFS À ÉCROUS

ssss!

Mr BEBEBEAN ©

SAMEDI 22

VU Mme THATCHER
À LA TÉLÉVISION.

SÉDUISANTE.

DIMANCHE 23

LE PASTEUR ABSENT
TOUTE LA JOURNÉE

LUNDI 24 10.00 BIBLIOTHÈQUE

RAPPORTER "CANONS DE NAV."
2 × Z. BROOD

EMPORTER "AUTANT EN EMPORTE LE VENT"
(HISTOIRE D'AMOUR)
"ON SE TAIT ET ON POUSSE"
(AUTOBIOGRAPHIE DE MOLLIE SAXTON, SAGE-FEMME)
"IL METTAIT DU SANG PARTOUT"
DE ZAK BROOD

MARDI 25

MR BEAN

vous invite à une fête

AU PARC (PRÈS DU COIN OPPOSÉ AUX TOILETTES)

APPORTEZ UN SANDWICH (2 SI VOUS ÊTES GROS)

DÉSASTRE S'IL PLEUT

← ENVOYER À IRMA

JANVIER

MERCREDI 26

16. 45 TÉL IRMA GOBB

~~ETRANGLÉ~~ CARESSÉ LE CHAT

JEUDI 27

16. 45 TÉL IRMA GOBB

JANVIER

VENDREDI 28

13.30 NETTOYER CLÉS À MOLETTE

16.45 TROUVER IRMA GOBB

IRMA GOBB ET MOI POURRIONS AVOIR UN ENFANT.
UN ENFANT GENTIL ET INTELLIGENT.
PAS TROP INTELLIGENT QUAND MÊME CAR C'EST
LE METIER DES PARENTS DE RÉPONDRE AUX QUESTIONS
DES ENFANTS, ET J'AURAIS HONTE DE SÉCHER.

SAMEDI 29 DIMANCHE 30

IRMA GOBB
A UN JOB
DANS UNE BIBLIOTHÈQUE JOLIE
ELLE FAIT SON JOB
(C'EST LE RÔLE D'IRMA GOBB)
DANS UNE BIBLIOTHÈQUE DE HIGHBURY
IRMA GOBB
QUI A CE JOB
QUELQUE PART AU NORD DE HIGHBURY
EST CETTE MÊME BONNE VIEILLE IRMA GOBB
DONT LES MAINS SONT FINES ET DÉLICATES

~~PSYCHOPATHES~~

~~POIL AUX PATTES~~

R

FILM D'AMOUR ?

20.10 EMMENER IRMA GOBB AU CINÉMA

MARDI 1

JE SUIS UN CRÉTIN

CE N'ÉTAIT PAS UN FILM D'AMOUR.

FÉVRIER

MERCREDI 2

9.00 TÉL GOBB
10.00 TÉL GOBB
11.00 TÉL GOBB
12.00 TÉL GOBB
13.00 TÉL GOBB

OÙ EST GOBB ?

JEUDI 3

8.30 TÉL GOBB
8.45 TÉL GOBB
9.00 TÉL GOBB
9.15 TÉL GOBB
9.30 TÉL GOBB
9.45 TÉL GOBB
10.00 TÉL GOBB
10.15 TÉL GOBB
10.30 TÉL GOBB
11.00 TÉL GOBB
11.15 TÉL GOBB
11.30 TÉL GOBB
11.45 TÉL GOBB
12.00 TÉL GOBB
12.15 TÉL GOBB
12.30 TÉL GOBB
12.45 TÉL GOBB
13.00 TÉL GOBB
13.15 TÉL GOBB
13.30 TÉL GOBB
13.45 TÉL GOBB
14.00 TÉL GOBB
14.15 TÉL GOBB
14.30 TÉL GOBB
14.45 TÉL GOBB
15.00 TÉL GOBB
15.15 TÉL GOBB
15.30 TÉL GOBB
15.45 TÉL GOBB
16.00 TÉL GOBB
16.15 TÉL GOBB
16.30 TÉL GOBB
16.45 TÉL GOBB
17.00 TÉL GOBB
17.15 TÉL GOBB
17.30 TÉL GOBB
17.45 TÉL GOBB
18.00 TÉL GOBB
18.15 TÉL GOBB

FÉVRIER

VENDREDI 4

JE LE HAIS

JE LE HAIS

JE LE HAIS

JE LE HAIS

JE LE HAIS

JE LE HAIS JE LE HAIS

JE LE HAIS

MINORQUE

Cher Al,

Je passe de merveilleuses vacances à Minorque avec mon ami. Le temps est splendide et Gilles est très drôle. Il paraît que le temps est horrible à Londres — tant mieux ! Je serai de retour au travail le 8.

Amitiés

Irma x

SAMEDI 5

10.00 ALLER AU BAZAR FAIRE DU SHOPPING

SOIT CARABINE DE PRÉCISION

OU CORDE

COUTEAU DE BOUCHER

STRYCHNINE

PIÈGE À SOURIS

DIMANCHE 6

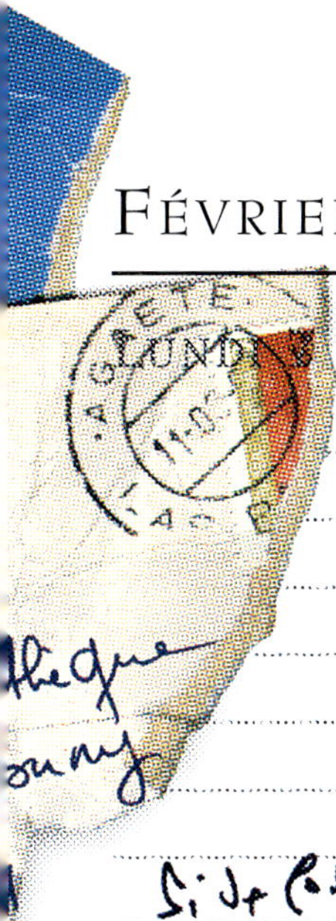

LUNDI 7

TUE
ÉCORCHE
SAIGNE FOUETTE
COGNE ÉCRASE
FÉLICE

Si je posais une bombe sous Gilles
il partirait loin, loin, loin,
loin, loin, loin, loin très
loin très loin

PARADIS ×

ENFER ✓

MARDI 8

21.30 "LES GRANDS CRIMES
DU SIÈCLE" SUR LA
3e CHAÎNE (IDÉES)

FÉVRIER

MERCREDI 9

14.45 INTERROGATOIRE POSTE DE POLICE

COMMISSARIAT CENTRAL DE LONDRES

REÇU

Votre référence :

Biens déposés

Notre référence :

- 1 carabine 22 Long Rifle
- 1 couteau 25 centimètres
- 1 bombe fumigène
- 3 tapettes à souris
- 1 litre d'essence
- 10 mètres de corde

Agent Police R. Leavis

Les biens mentionnés ci-dessus ont été confisqués dans l'attente d'une décision de justice correctionnelle.

AU LIT

ZZZZZZZZZZZ

RÉVEIL

JEUDI 10

14.00 → 14.10

J'ADORE L'AGENT LEAVIS XXX

Vendredi 11

~~LAISSER POUSSER MA BARBE~~ NON

ACHETER MOUSSE À RASER OUI

Samedi 12

LES ROSES SONT ROUGES
LES VIOLETTES SONT BLEUES
TU ÉTAIS MADEMOISELLE GOBB
ET MOI MONSIEUR

~~NEU~~ ~~NEU~~
~~MEUMEU~~
~~AMITEUX~~
~~FAMEUX~~
~~CHARGEABLE~~

Dimanche 13

Saint Valentin

REÇU AUCUNE CARTE

SOS AMITIÉ
021 236 67 92 5

22.00 SORTIR POUBELLE

Février

Lundi 14

Mardi 15

MERCREDI 16

JEUDI 17

Février

Vendredi 18

Samedi 19

Dimanche 20

Février

Lundi 21

Mardi 22

FÉVRIER

MERCREDI 23

J'AI RETROUVÉ MON AGENDA !!

JEUDI 24

13.15 une soupe

Hip Hip Hip
Hourra
Hip Hop HAHA
Youpi Youpi YA

BONHEUR

F

Cher Mr Bean,

Nous ne nous sommes pas encore rencontrés mais je suis le tout nouveau locataire de l'appartement n°3 qui est situé dans le hall. Veuillez trouver ci-joint votre agenda que j'ai trouvé aujourd'hui sous le porche d'entrée. J'aimerais beaucoup vous rencontrer pour faire votre connaissance et peut-être aussi pour encaisser la récompense dont vous faites mention sur la première page

Le locataire du N°3

LA FERME!

ÉVITER LE TYPE DU N°3

HE 27

N.B. TYPE DU N°3

N.B. TYPE DU N°3

Février

Lundi 28

SHOPPING : COUSSIN PÉTEUR
FAUSSE CROTTE
CHAPEAU RIGOLO
CÉLERI

COUPE ONGLES
(PIEDS AUSSI)

ÉVITER L
DU N

Mardi 29

9H T

MERCREDI 1

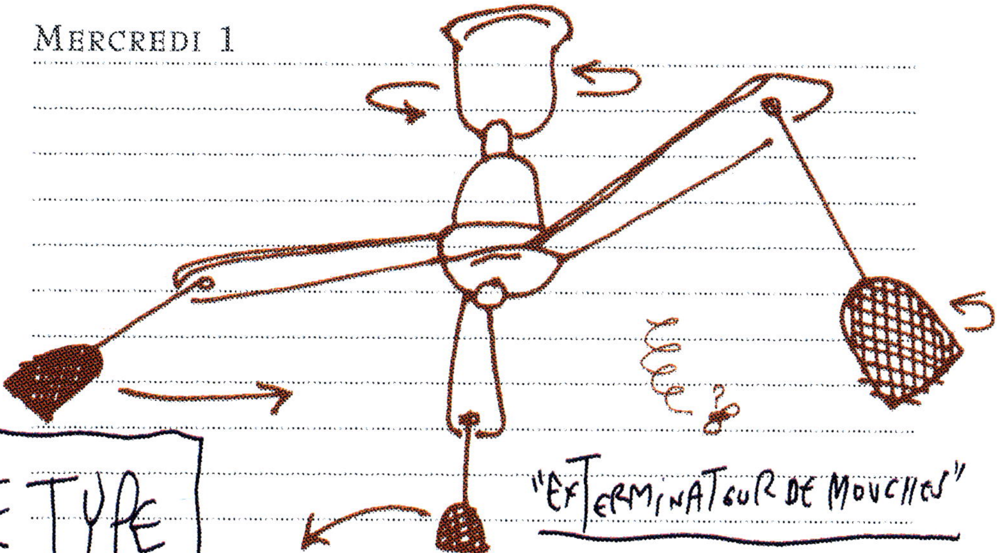

"EXTERMINATEUR DE MOUCHES"

@ MR BEAN

E TYPE

3

JEUDI 2

D'OÙ VIENT TOUT CE THÉ ?

16.15 MAGASIN :

NOUVELLE THÉIÈRE

Mars

Vendredi 3

9.00 N.B. faire envoyer des fleurs pour grand-père

14.00 Téléphoner à grand-mère

AAAAAAARGH !

Tél fleuriste
tél fleuriste

Samedi 4

9.00 Tél fleuriste

Dimanche 5

9.00 Tél fleuriste

LUNDI 6

90e ANNIVERSAIRE DE GRAND-PÈRE
(ÉTONNANT, NON ?)

TÉL FLEURISTE : CHANGER LE MESSAGE
DE LA CARTE

15.00 ENTERREMENT DE GRAND-PÈRE

MARDI 7

ENVOYER BON DE COMMANDE POUR TASSE SHIRLEY BASSEY
(GRANDE TAILLE)

ADRESSE : LA TASSE DE SHIRLEY (GRANDE TAILLE)
P.O. BOX 203
SWINDON
WITTS. SN 43 TPZ

"TÉLÉPHONE PORTABLE"
© MR BEAN.

Mars

Mercredi 8

15.00 TÉLÉPHONER À IRMA GOBB –
LAISSER DES BRUITS RIGOLOS
SUR SON RÉPONDEUR
(SANGLOTS)

Jeudi 9

Ticket : N° 77

À CONSERVER

Tirage le 25 mars

GRANDE TOMBOLA

AU BÉNÉFICE
DES ŒUVRES DE LA POLICE

1er PRIX :
une semaine aux Bahamas

2ème PRIX
un dîner pour deux personnes
chez Pizza Hut

VENDREDI 10

LA FLEUR

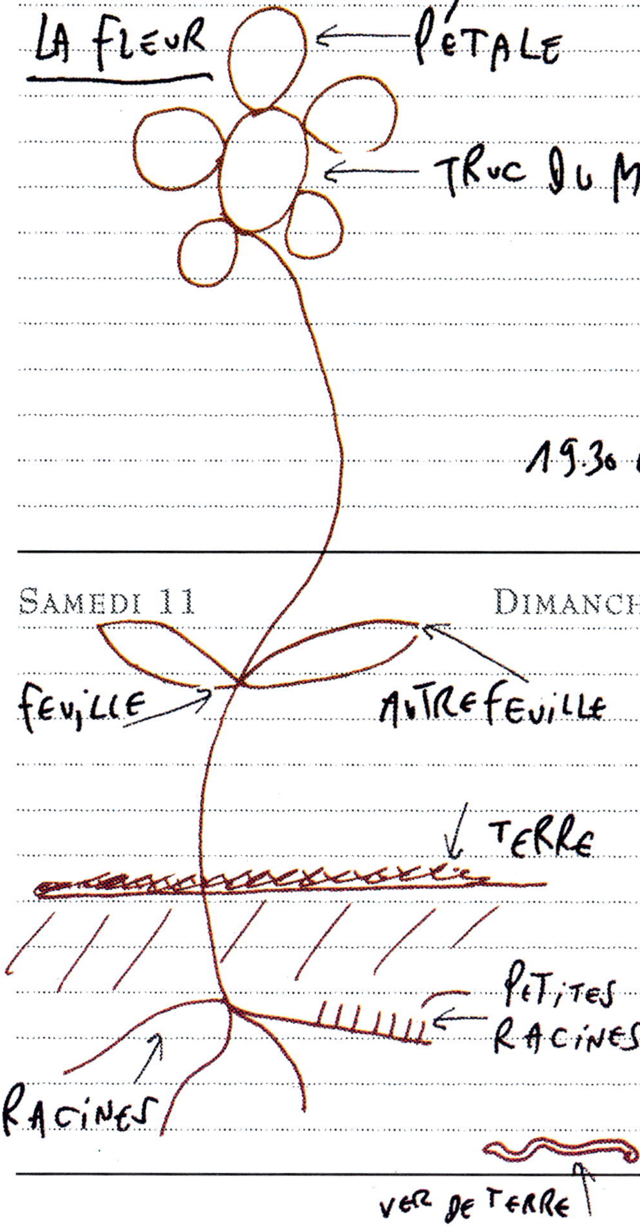

19.30 CLUB BOTANIQUE

SAMEDI 11

DIMANCHE 12

VIERGE

(du 22 août au 22 septembre)
Il est peut-être temps de changer le carrelage de votre salle de bain. Vous recevrez une nouvelle bouleversante le 25 mars, probablement en rapport avec le numéro 77.

BALANCE

(du 23 septembre au 23 octobre)
Tous vos problèmes d'arg... dront bientôt fin ...

C'EST PAS UN BON PRÉSAGE, ÇA ?

ENCORE 12 JOURS AVANT TIRAGE TOMBOLA

MARDI 14

20.15 RESTAURANT INDIEN
(UNE TABLE POUR UN)

MERCREDI 15
SAINT PATRICK

DIX JOURS

MAGASIN : PAPIER TOILETTE (x6)

ÉVITER LE BAR IRLANDAIS

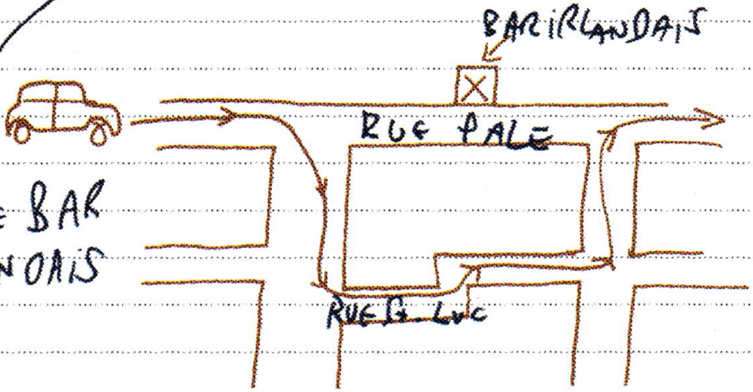

JEUDI 16

NEUF JOURS

"1er PRIX TOMBOLA"

© Mr BEAN (DROITS RÉSERVÉS)

MARS

VENDREDI 17

HUIT JOURS

10.30 BANQUE
RETIRER TOUT L'ARGENT
NE PAS DÉPOSER D'ARGENT

SHOPPING VACANCES : CHEMISES
CHAUSSETTES
BISCUITS
VASELINE
MARMELADE ?

SAMEDI 18

SEPT JOURS

ACHETER DES CHAUSSURES DE VACANCES

DIMANCHE 19

SIX JOURS

MAGASINS FERMÉS
PAS DE SHOPPING
(SAUF VASELINE)

ZUT ZUT
ZUT

Corydalis Lutea

MARS

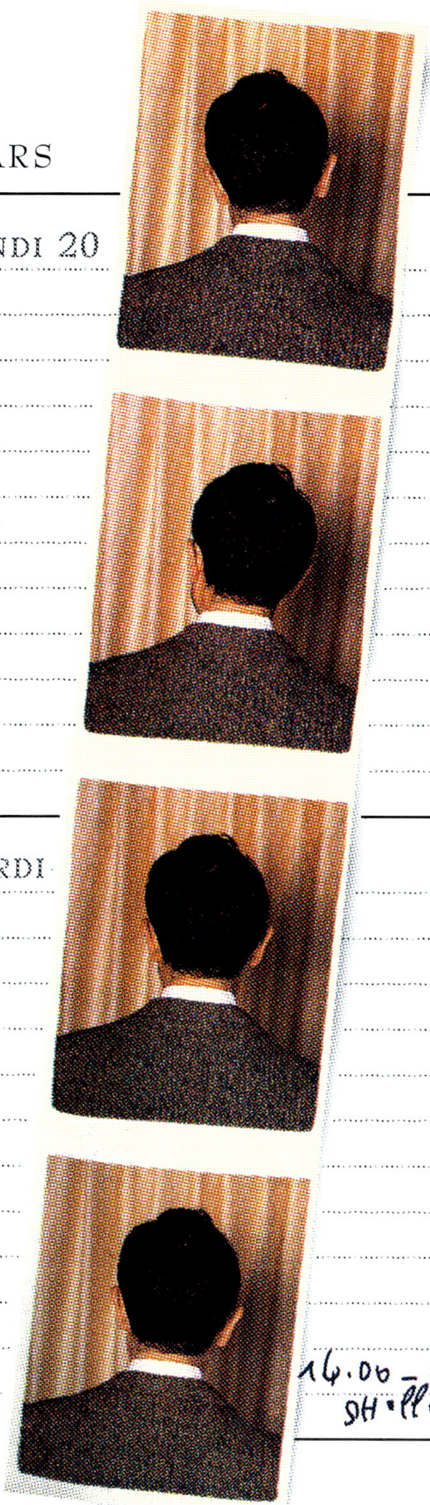

LUNDI 20

CINQ JOURS

MARDI

QUATRE JOURS

14.00 – 16.45
SHOPPING VACANCES CHOUETTE CHOUETTE CHOUETTE

MERCREDI 22

3

ACHETER CHAUSSETTES DE VACANCES

JEUDI 23

2

TÉL BANQUE
– PLUS D'ARGENT

ACHETER CÉLERI DE VACANCES

SI

ET SI

QUELLE EST LA VALEUR DE 

DINGUE
DINGUE
DINGUE

(4 AVRIL)

MARS

VENDREDI 24

1

LISTE DE VÉRIFICATION FINALE :

TRUC POUR MOUSTIQUES
PELLICULE
COUTEAU POUR CROCODILES
BRILLANTINE
CUILLÈRE

ATCHA
OOOH !

ACHETER SLIPS
DE VACANCES
(EN COULEURS)

SAMEDI 25

10.55 CROISER LES DOIGTS

11.00 TIRAGE TOMBOLA ÉGLISE ST. ANDREW

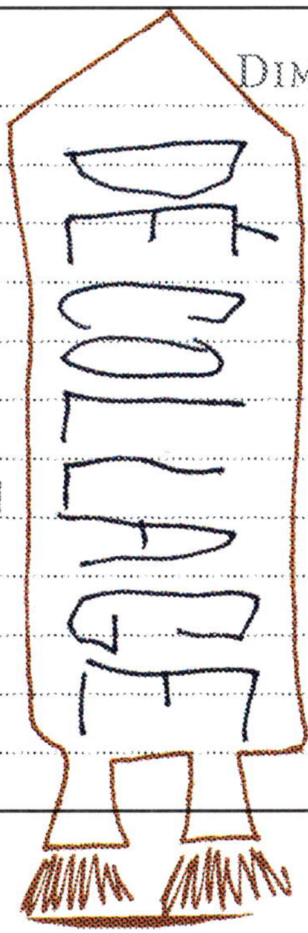

DIMANCHE 26

DÉPART POUR LA BARBADE EN AVION

Mystère à la Tombola

LA TOMBOLA organisée au profi
des œuvres de la Police a sombré dan
une atmosphère de mystère hier soi
alors que le propriétaire du ticke
gagnant n° 77 ne s'était pas présenté.
Il a fallu procéder à un second tirage

~~ARRIVÉE À LA BARBADE~~

OÙ EST
C'ETTE SALOPERIE
DE TICKET ?

MARDI 28

TUE ! CRÈVE !
BRISE !

~~LA BARBADE~~

11.00 COMMENCER À BOIRE
DE LA BIÈRE

Che
Un
ap
p

MERCREDI 29

BOIRE DE LA BIÈRE TOUTE LA JOURNÉE ~~[illegible]~~

COMMISSARIAT DE POLICE AU SECOURS

SOS AMITIÉ 236 67925

ET TOUTE LA NUIT

JEUDI 3

~~LA [illegible]~~

Mr Bean,
paquet a été
porté pour vous
ndant votre absence
Il est chez moi.
le locataire du N°3
(dans le hall d'entrée)

11.15 LE TYPE N'EST PAS LÀ
ESSAYER PLUS TARD

14.10 LE TYPE PAS LÀ

16.42 TYPE PAS LÀ

VENDREDI 31

~~LA BARBADE~~

QUAND OH QUAND ARRIVERA MA TASSE SHIRLEY BASSEY ?

TÉL SWINDON

D. PLUMB
DÉTECTIVE PRIVÉ 199

FRAPPER À LA PORTE DU N° 3

19.30 ~~CLUB ROTARIQUE~~
TROP DÉPRIMÉ

SAMEDI 1

~~LA BARBADE~~

DIMANCHE 2

~~LA BARBADE~~

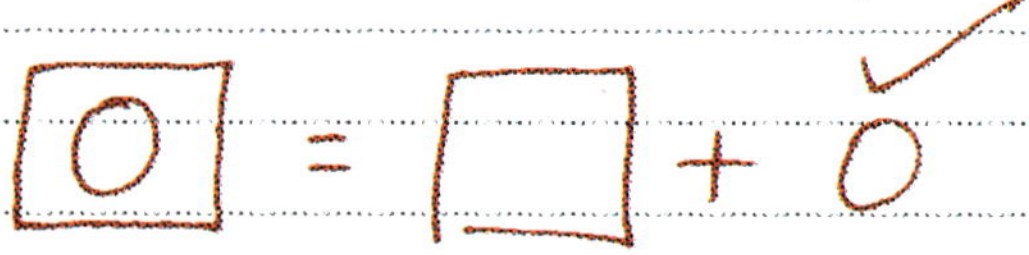

RENVOYER

TASSE JAMES DEAN
DEHORS JAMES
ENTRE SHIRLEY
OÙ ES-TU ?

FRAPPER À LA
PORTE DU N° 3

AVRIL

LUNDI 3

~~LA BARBADE~~

CHER MR PLUMB

JE SUIS INCROYABLEMENT DISTRAIT. J'AI PERDU UN TICKET DE LOTERIE N°77 ET JE NE SAIS PLUS OÙ LE METTRE NI QUOI FAIRE. J'AI PERDU TOUT SENS DE L'ORIENTATION ET J'AI OUBLIÉ COMMENT ON FAIT DU THÉ MÊME AVEC UN SACHET ALORS QUE C'EST POURTANT SI SIMPLE, N'EST-CE PAS? LA DERNIÈRE FOIS QUE J'AI EU LE TICKET EN MAIN, C'ÉTAIT LE 11 MARS. JE SAIS PAS OÙ IL EST. JE SUIS SÛR QUE JE L'AI MIS QUELQUE PART MAIS MAINTENANT, QUELQU'UN QUI S'APPELLE CAROLINE EST PARTI À LA BARBADE

AAAAARGH

MARDI 4

~~LA BARBADE~~
CAROLINE

JE LA HAIS
JE LA HAIS
JE LA HAIS

TEL SOS AMITIÉ 236 9925
À PROPOS CRISE TOMBOLA

MERCREDI 5

BAGES

8.30 BANANE

Cher Mr Bean,
Je sais que vous avez frappé de nombreuses fois à ma porte mais je n'ai pas répondu parce qu'il n'y a aucun paquet.
POISSON D'AVRIL !!
le locataire du N°3
(Hall d'entrée)

18.00 TYPE PAS LÀ

JEUDI

NON NON

AVRIL

VENDREDI 7 6.15 VOLER LAIT (N° 7) ~~[illegible]~~

RENVOYER TASSE CHARLES AZNAVOUR

MOURON X

GRAINES ~~ROSÉES~~ NON

BELLADONE ✓

MISÈRE DE VEUVE ✓

19.30 CLUB BOTANIQUE

AMOUR QUI SAIGNE ✓

SAMEDI 8 ~~[illegible]~~

10.10 LA BOUTIQUE DU JARDINIER
(GRAINES)

11.00 PLANTER LES GRAINES

20.10 NOS AMIES LES TORTUES
(2° CHAÎNE)

DIMANCHE 9

ŒUF DUR

LES GRAINES POUSSENT

LUNDI 10

BUDGET TORTUE

AQUARIUM — 699,50 F LES GRAINES POUSSENT
EAU — 0,00 F
FILTRE — 159,50 F
CHAUFFAGE — 255,00 F
GRAVIER — 80,00 F DANS LE MAGASIN
0,00 F DANS L'ALLÉE DU GARAGE DU VOISIN
HERBE — 25,00 F DANS LE MAGASIN
TORTUE 0,00 F DANS LE JARDIN DU VOISIN
— 2,00 F ← CASCHER

MARDI 11

LES GRAINES POUSSENT

AVRIL

MERCREDI 12

LES GRAINES POUSSENT

ARRIVÉE TASSE SHIRLEY BASSEY

HOURRA !

11.00 UNE BONNE TASSE* BIEN CHAUDE DE THÉMMMMMMMMMMMMMMMMMMM

JEUDI 13

LES GRAINES POUSSENT TOUJOURS

10.15 ANIMALERIE - ACHETER TORTUE

15.00 ÉGLISE (BAPTÊME TOTOR)

*MODÈLE SHIRLEY BASSEY, GRANDE TAILLE

BAPTÊME TOTOR

AVRIL

EST-CE QUE LES GRAINES POUSSENT ?

ÇA, ÇA M'ÉNERVE BEAUCOUP

SAMEDI 15

10.00 VÉRIFIER LES GRAINES

OH RAGE

GRAINES FOUTUES (CHIEN)

LUNDI 17

9.15 ACHETER GRAINES
9.45 SEMER GRAINES

NOUVELLES GRAINES : FLEUR DE SINGE
HALEINE DE BÉBÉ (POUAH !)
ORTIES
SATYRE PUANT
~~BUISSON DE DIABLE~~
STUPIDE

PLANTER GRAINES

MARDI 18

5.45 SORTIR DISCRÈTEMENT POUR VOLER LE LAIT

LES GRAINES POUSSENT

SALETÉ D'EMPREINTES DE SOURIS

TEL S.O.S. AMITIÉ
(LES FAIRE PARLER)

MERCREDI 19
ANNIVERSAIRE DE LA REINE

TÉLÉPHONER ?

(NOUVELLES) GRAINES DEVRAIENT TOUJOURS POUSSER

"TALETTE SCUD"
© MR BEAN

JEUDI 20

5.30 CHHHHAUUUT VOLER PLUS DE LAIT

NI VU NI CONNU
HOP, DANS LE SAC

GRAINES POUSSENT

REGARDER LE TYPE RIGOLO 11.00 4° CHAÎNE

VENDREDI 21

10.00 VERIFIER GRAINES

RÉSUMÉ INVESTIGATION : 1 RIEN NE SE PASSE
2 PAS DE PETITS TRUCS VERTS
3 PAS DE FLEURS
4 PAS DE RIEN
5 PAS BIEN

NOM DE NOM DE NOM
DE NOM DE NOM DE NOM
LE VENDEUR DE GRAINES

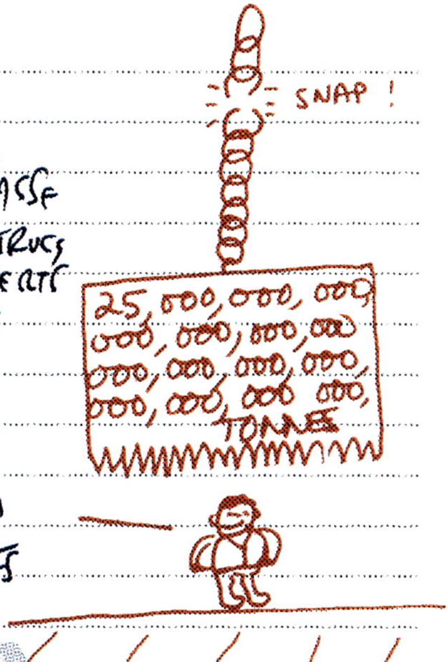

SAMEDI

Cher Mr Bean,
les bouteilles de lait
déposées devant ma
porte sont fréquem-
-ment dérobées ainsi
que mon courrier.
Pouvez-vous m'éclairer
sur ce mystère ?
Locataire du N°3
(Hall d'entrée)

MANCHE 23

QU'IL EST BETE !

LUNDI 24

YABADABABADABADABADABADABADABADABADABADABADABADABADABADABADABADABADOOOO!

→

QUELQUEFOIS, JE M'IMAGINE VENANT D'UNE AUTRE PLANÈTE OÙ JE SUIS LE CHEF. SUR MA PLANÈTE, LES CHOSES NE SE PASSENT PAS COMME ICI. LÀ BAS, TOUT LE MONDE APPLAUDIT DÈS QUE JE MARCHE DANS LA RUE.

MARDI 25

À CHAQUE ENDROIT OÙ JE VAIS, ON M'OFFRE DE LA NOURRITURE GRATUITE, DES BONBONS, DES GENS FONT LA QUEUE POUR ME SERRER LA MAIN. SUR MA PLANÈTE, LES CHIENS NE FONT PAS CACA, LES LOCATAIRES DU N°3 SONT EXÉCUTÉS SUR LA PLACE PUBLIQUE SOUS LES APPLAUDISSEMENTS DE SHIRLEY BASSEY.

20.30 "CHAPEAU MELON ET BOTTES DE CUIR" PENSER À ACHETER UN CHAPEAU ~~ET [illegible]~~

to Mr Boon
Yours,

VENDREDI 28

DANS UNE THÉIÈRE, FAITES UNE GELÉE
VOUS VOULEZ MAINTENANT L'ENLEVER?
IL VOUS FAUDRA UNE BONNE ANNÉE
POUR, PAR LE BEC, LA VERSER.

SAMEDI 29 DIMANCHE 30

AU SECOURS, AU SECOURS
TOUT AUTOUR
DES BATEAUX DANS LA BRUME
ET RETENTIT LA CORNE DE BRUME
QUE DE BRUIT ET DE REMUE-MÉNAGE
FAIT CE MAUDIT ÉQUIPAGE
MOINS FORT, SALE BATEAU
TU ME FAIS MAL AUX BIGORNEAUX

ÉCRIRE À SHIRLEY BASSEY
AU SUJET DE SA JOLIE TASSE.
(TRÈS, TRÈS, TRÈS, TRÈS,
TRÈS, TRÈS, TRÈS IMPORTANT)

LUNDI 1

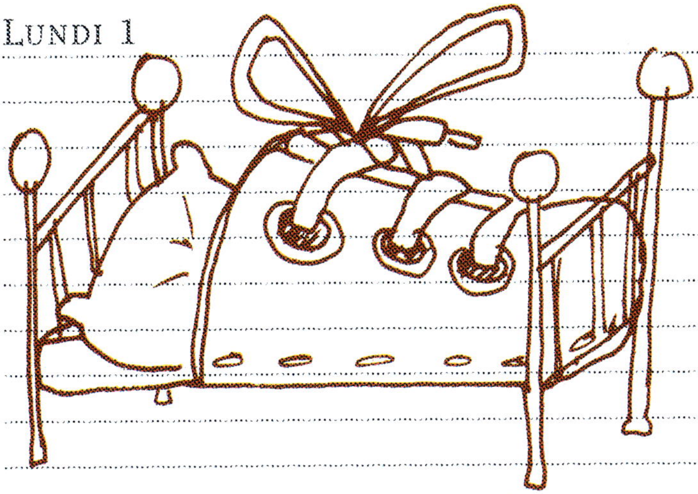

"CHAUSSURE MAXI-CONFORT"

© MR BEAN

MARDI 2

MON PREMIER EST UN L
MON DEUXIÈME EST UN '
MON TROISIÈME EST UN I
MON QUATRIÈME EST UN M
MON CINQUIÈME EST UN B
MON SIXIÈME EST UN É
MON SEPTIÈME EST UN C
MON HUITIÈME EST UN i
MON NEUVIÈME EST UN L
MON DIXIÈME EST UN E
MON ONZIÈME EST UN D
MON DOUZIÈME EST UN U
MON TREIZIÈME EST UN N
MON QUATORZIÈME EST UN º
MON QUINZIÈME EST UN 3

QUE DONNE LE TOUT ?

L'IMBÉCILE DU N° 3

HÉ, HÉ, HÉ

Mai

Mercre

Mairie d'arrondissement de Highbury
Bureau des Affaires Sanitaires
Highbury, Londres N10

Mr Bean
Chez Mme Wicket
Les Jonquilles
appartement numéro 2, 12 Arbor Road
Londres N 10

Cher Mr Bean,

Nous avons bien reçu votre lettre datée du 5 mai dernier concernant la forme "scandaleuse" de vos toilettes.

Malheureusement, les compétences de nos services ne s'étendent qu'aux canalisations collectives de la municipalité et nous ne pouvons en aucun cas être tenus pour responsables des équipements à usage privé. De plus, j'ajoute que la forme de la cuvette que vous décrivez (veuillez trouver ci-joint, en retour, votre dessin) me semble très commune.

J'ai été bien évidemment peiné d'apprendre les effets qu'ont ces "toilettes de dément" sur votre santé mentale. Les "hurlements de sorcières", les "cliquements de chaînes (en deux temps)" qui peuplent vos cauchemars et dont vous parlez dans votre lettre, ne pourront justifier une intervention de nos services municipaux qu'au cas où d'autres plaintes émanant d'autres habitants de la résidence des Jonquilles nous parviendraient. Nous n'avons rien reçu de tel à ce jour.

Je ne puis donc, en m'appuyant seulement sur votre description de ces "lieux effrayants", accéder à votre demande d'indemnisation et suis au regret de ne pouvoir prendre en compte la plainte que vous émettez à l'encontre de la courbure de vos toilettes.

Je vous prie de croire, Monsieur, en l'expression de mes salutations respectueuses.

GMNuttall

G.M. Nuttal

Jeudi

Vendredi 5

" COGNEUR D'HOMME " (DU N° 3) © MR BEAN

Samedi 6

HI HI HI

Dimanche 7

9.15 DÉPRIMÉ

22.00 ENCORE PLUS DÉPRIMÉ

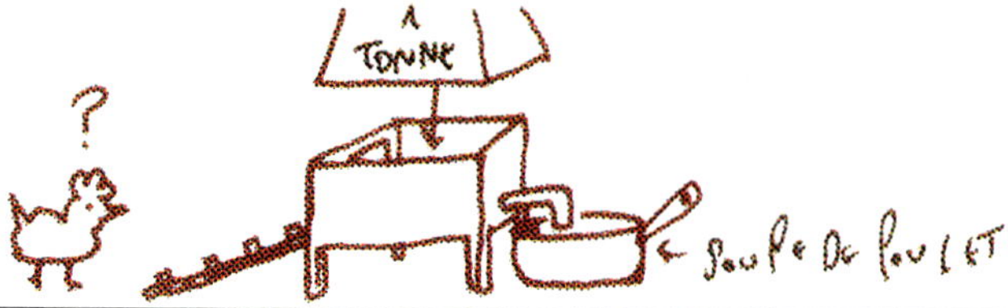

Lundi 8

Bonjour joli lundi, tu as l'air en pleine forme, mais c'est vrai que tu arrives toujours en premier, pas vrai ?

Mardi 9

Oh mardi, bonté divine tu es venu aussi me voir, quelle bonne surprise. Comment vas-tu ?

MERCREDI 10

HOOPS ! TU M'AS PRESQUE FAIT PEUR, MERCREDI. J'AURAIS POURTANT DÛ M'ATTENDRE À TON ARRIVÉE, JE SAIS, PARCE QUE TU VIENS TOUJOURS LE TROISIÈME JOUR.

ASSIEDS-TOI, JE T'EN PRIE

J'AI UN PEU DE PSCHITT CITRON SI TU EN VEUX, MAIS J'AI PEUR DE NE PAS AVOIR D'ALCOOL

(BURP)

OH, J'OUBLIAIS, MERCREDI, JE TE PRÉSENTE JEUDI

JEUDI 11

AH, VOUS VOUS CONNAISSEZ DÉJÀ ? VOUS VOUS ÊTES RENCONTRÉS LA SEMAINE DERNIÈRE ?

COMME C'EST INTÉRESSANT !

JE SUIS UN IMBÉCILE.

Vendredi 12

VENDREDI, OÙ ÉTAIS-TU PASSÉ ?

JE COMMENÇAIS À M'INQUIÉTER. TU ES
TOUJOURS EN RETARD, VILAIN GARÇON -
BON, EH BIEN, LA SEMAINE EST PRESQUE
COMPLÈTE. SANS MENTIR.

Samedi 13

Dimanche 14 JOUR DU SEIGNEUR
(C'EST PAS MOI QUI
M'EN OCCUPE)

DRING DRING-DRING DRING.
CLIC
ALLÔ ? OUI, VOUS ÊTES BIEN CHEZ MR BEAN
QUOI ? TU NE PEUX PAS VENIR SAMEDI ?
MAIS NOUS SOMMES LE SIXIÈME JOUR
ET TOUT LE MONDE T'ATTEND.
OH ZUT, FLÛTE, CROTTE

LUNDI 15

L'ÉPICIER (PRIS À L'IMPROVISTE)

~~CHALANGE~~
~~BOULANGE~~
PAS DE RIME À ORANGE
SAUF PEUT-ÊTRE LOSANGE

MARDI 16

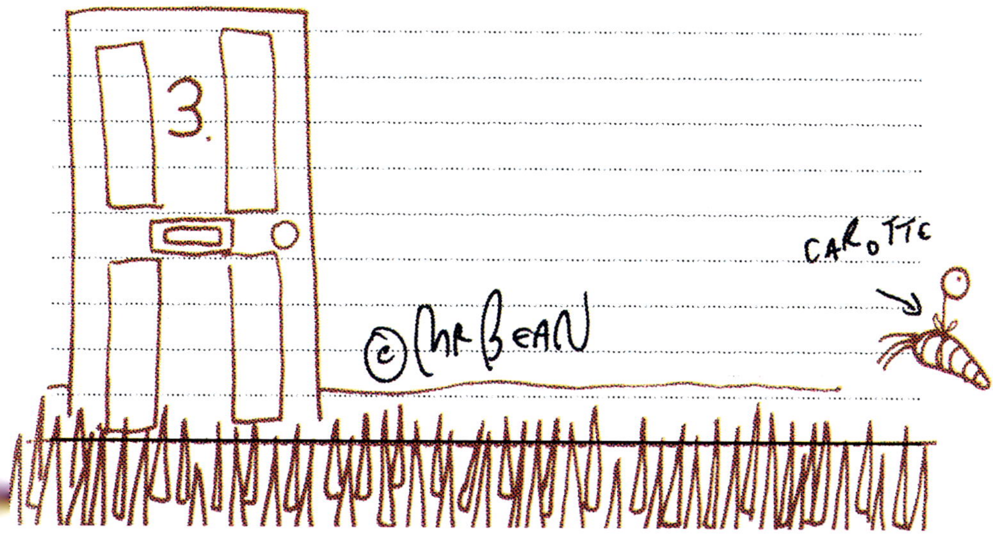

Mercredi 17

8.15 réveil

tél Irma Gobb

Aller au cours de poésie 19.30
(Mme Rosemary Hoseburg)

12.30 au lit

8.15 réveil

Jeudi 18

Recherche poétique :
Acheter des fleurs
tél C. Baudelaire

Si j'avais un triton
il serait tout mignon

21.30 au lit

Mai

Vendredi 19

Baudelaire Amélie, 35 Henderson
Baudelaire Bernard, 16 Nigthingale Cres,
Baudelaire Berthe, 68 Wolthorn st, N15
Baudelaire Camelia, 88 Regents st, N11
Baudelaire Carine, 116 Everard st, S37
Baudelaire Charlotte, 11 Trafalgar st, N17
Baudelaire David, 3 Bedford drive, SW8
Baudelaire

008 55 3
008 22 6
008 66 2
008 55 36
008 26 99

C. BAUDELAIRE SUR LISTE ROUGE ?

22.30 AU LIT (ENNUYEUX)

Samedi 20

9.30 RÉVEIL (YOUPI !)

70 % DE LA SURFACE DE LA TERRE EST RECOUVERTE D'EAU, SAUF QUAND BEAUCOUP DE PERSONNES PRENNENT LEUR BAIN AU MÊME MOMENT.

22.30 AU LIT

Dimanche 21

NE PAS SE RÉVEILLER

SI JE NE ME LÈVE PAS, DU COUP JE NE SUIS PAS OBLIGÉ DE ME COUCHER. GÉNIAL !!

Mai

Lundi 22

TÉLÉPHONER À IRMA GOBB
ET NE PAS FAIRE DE BÊTISES
SI TU TOMBES SUR LE RÉPONDEUR.

SHIRLEY BASSEY AU TOURNOI DE GOLF 20.00 2° CHAÎNE

Mardi 23

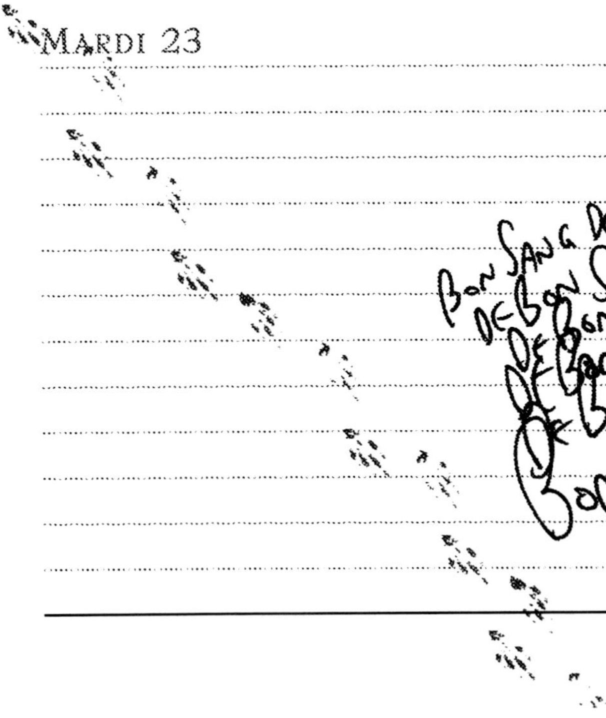

BON SANG DE BON SANG DE BON SANG
DE BON SANG DE BON SANG DE BON SANG
DE BON SANG DE BON SANG DE
DE BON SANG DE BON SANG
DE BON SANG
BON SANG
DE BOIS

Mercredi 24

Poème : L'hallali de la souris

Tu ferais mieux de faire attention à toi
Parce que si jamais je te vois
Tu finiras dans mon mixeur
Alors si jamais tu pointes ton nez
Moi je vais te le récurer
Et je ferais la même chose à ta sœur

19.30 Cours de poésie

Jeudi 25

" Tapette Scud 2 "

© Mr Bean

Vendredi 26

9.00 ACHETER DU POISSON

LE LAISSER DEHORS TOUTE LA JOURNÉE

Samedi 27

LE LAISSER DEHORS
TOUTE LA JOURNÉE

Dimanche 28

IL SENT VRAIMENT
MAINTENANT

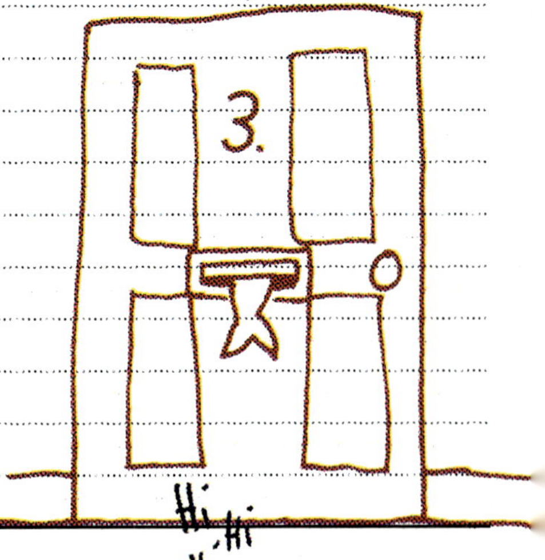

Hi Hi
Hi

Lundi 29

LEVÉ À 9 HEURES
DEHORS À 10 HEURES
ALLER EN VOITURE EN VILLE
REVENIR À LA MAISON

Mardi 30

MERCREDI 31

shopping piquenique : SACHETS THÉ
LAITUE
HARENGS MARINÉS

13.00 piquenique au parc

CILLA BLACK
N'EST PAS TERRIBLE
(MAIS) SHIRLEY WISLEY
EST UNE JOLIE FILLE
(BASSEY)

19.30 COURS DE POÉSIE

JEUDI 1

NE RIEN FAIRE AUJOURD'HUI
DU TOUT

SAUF ALLER AUX TOILETTES.

VENDREDI 2

TOTOR (LA TORTUE)
PAIX À SON ÂME

Ô SEIGNEUR, TOI QUI DONNE LA VIE POUR LA REPRENDRE, REPREND L'ÂME DE TOTOR ET PLACE-LA DANS UN BEL AQUARIUM AU PARADIS ET N'OUBLIE PAS DE LA NOURRIR PARCE QUE MOI, J'AI OUBLIÉ.

AMEN

SAMEDI 3 DIMANCHE 4

DONNER L'AQUARIUM DE TOTOR, SON EAU, SON HERBE ET SON GRAVIER À QUELQU'UN

→ ŒUVRE DE CHARITÉ !

VIVE LE S.T.A !

S.T.A : SECOURS AUX TORTUES AFFAMÉES

DU CALME

JUIN

LUNDI 5

S'IL EST UN EXAMEN DE POÉSIE
POUR LEQUEL JE NE ME FAIS AUCUN SOUCI
C'EST BIEN CELUI DE MME HOSEBURY
POUR TITRE ELLE NOUS A DONNÉ
"UNE IDOLE SUBLIME"
JEU D'ENFANT, LES DOIGTS DANS LE NEZ
POUR LE PRINCE DE LA RIME
(À COMPOSER)

MARDI 6

21.45 ALLEZ HOP !
AU LIT.

MERCREDI 7

"UNE IDOLE SUBLIME" PAR MR BEAN

S'IL EST UNE CHOSE QUE J'AURAIS SOUHAITÉ
PAR-DESSUS TOUT ÊTRE ICI-BAS,
C'EST LE MICROPHONE DE SHIRLEY BASSEY
COMME ÇA, ELLE POURRA CHANTER POUR MOI
JE SAIS BIEN QU'ELLE CHANTE POUR TOUS LES GENS
POUR TOUS CEUX QUI VIENNENT L'ÉCOUTER
MAIS PENDANT QUE VOUS SEREZ DANS VOS SIÈGES À MILLE FRANCS
MOI, D'ELLE, JE SERAI JUSTE À CÔTÉ

19.30 COURS DE POÉSIE

JEUDI 8

UNE AUTRE CHOSE QUI ME PLAIT BIEN
DANS L'IDÉE D'ÊTRE D'ELLE JUSTE À CÔTÉ
C'EST QUE JE POURRAIS SENTIR SON PARFUM
ET VOIR PAR EN DESSOUS DE SON NEZ *
JE SAIS BIEN QU'UN MICRO PREND TOUS LES POSTILLONS
MAIS BON, ET ALORS, JE M'EN FOUS
CE SERAIT UN AVANTAGE DU JOB, SI LE CRACHAT VIENT DE SHIRLEY
ET PUIS COMME ÇA, JE RENTRERAIS SANS DÉBOURSER UN SOU.

*N.B. : VÉRIFIER AUPRÈS DE MME HOSBURY LA RIME NEZ / À CÔTÉ.

Juin

Vend

TÉLÉPHONER SOS AMITIÉ (À PROPOS SAIGNEMENT NEZ)

Sam e 11

11.15 OUBLIER ÇA

SE LEVER TÔT DEMAIN

Juin

Lundi 12

11.10 DONNER MON SANG

Mardi 13

~~CHER CONSEIL MUNICIPAL~~
~~CHÈRE INFIRMIÈRE GIBLEY~~

~~NETTOYER LE POT À CONFITURES~~

CHER MONSIEUR/MADAME DU SANG
J'AIMERAIS DEVENIR DONNEUR DE SANG
ET VOUS TROUVEREZ D'AILLEURS
CI-JOINT, POUR VOS PERFUSIONS,

MERCREDI 14

Centre de don sanguin
Mairie d'arrondissement de Highbury, Londres N10

16 juin

Cher Mr Bean,

Nous avons été très heureux d'apprendre votre décision de devenir donneur de sang. Je dois malheureusement vous signaler que nous n'acceptons pas les dons par voie postale.
Nous avons disposé de votre sang en accord avec l'article de loi de 1709 et nous vous retournons, avec la présente lettre, votre bocal.

Peut-être aimeriez-vous donner votre sang à l'occasion du passage dans votre quartier d'une de nos unités mobiles ?
Si vous souhaitez d'autres informations, demandez-en à votre médecin.

Peut-être devriez-vous voir votre médecin pour d'autres raisons ?

Je vous prie de croire, Monsieur, à l'expression de mes sentiments respectueux.

Jose Manteras

Jose Manteras
Docteur en Médecine

J

VENDREDI 16

"DENTIER POUR VIANDES TROP DURES"

©MR BEAN

SAMEDI 17

DIMANCHE 18

SHOPPING : MOTTE DE BEURRE
ŒUF (x2)
BROCHETTES
TOURNEBROCHE

ÉGLISE?

Juin

Lundi 19

Perdu chapeau melon
tél John Steed ?

Mardi 20

John Steed ↗
sur liste rouge ?

19.45 club d'entomologie
↓
qu'est-ce que c'est ?

MERCREDI 21

MATIN : ALLER À LA BIBLIOTHÈQUE

2° Disposer pour

ENTOISER ... toisé.

ENTOMOLOGIE (an, ji) n. f. (du gr. entomon, insecte, et logos, discours). Partie de la zoologie qui traite des insectes.

ENTOMOLOGIQUE (an) adj. Qui a rapport à l'entomologie : science entomologique.

ENTOMOLOGISTE (an, jis-te) n. m. Qui s'occupe d'entomologie.

ENTOMOPHAGE (an, fa-je) adj. (du gr. entomon, insecte, et phagein, manger). Qui se nourrit d'insectes.

ENTOMOPHTORÉES (an, fto-ré) n. f. pl. Famille de champignons parasites d'insectes.

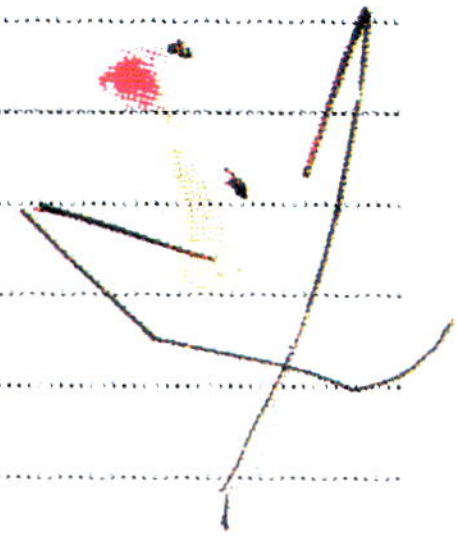

← BINGO !

JEUD

irma fâchée

Hi Hi Hi Hi Hi

Juin

Vendredi 23

11.00 IKEA (UNE ARMOIRE EN KIT)

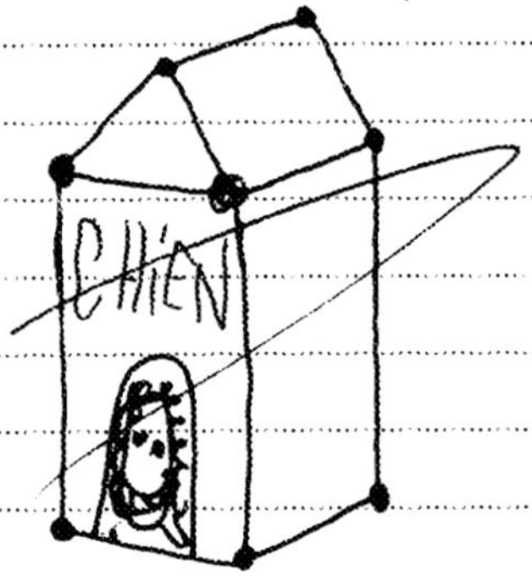

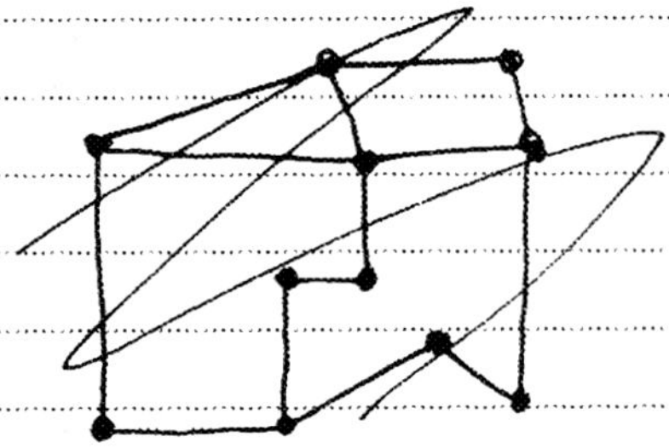

Samedi 24

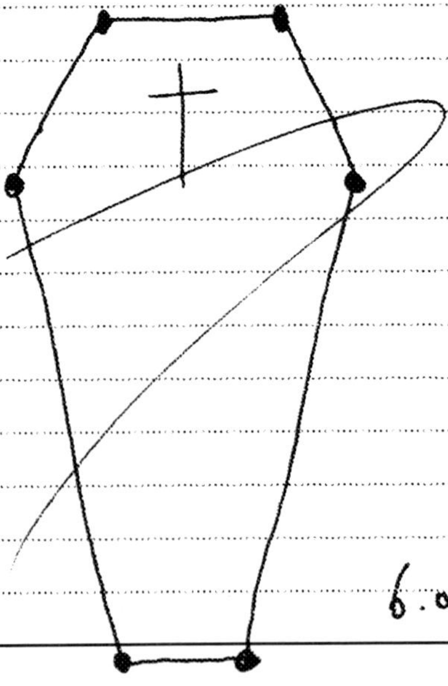

Dimanche 25

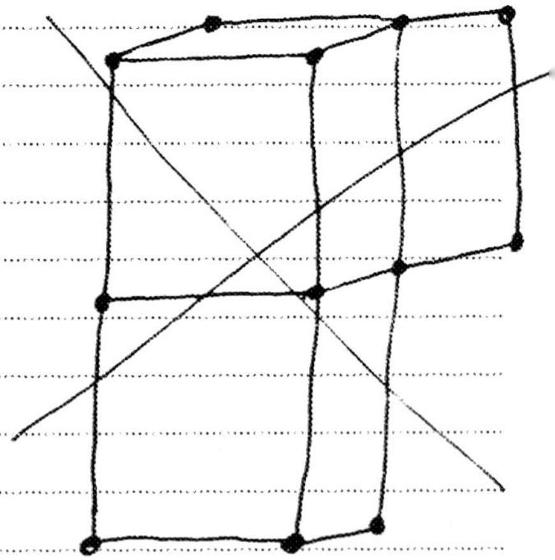

6.00 FEU DANS LE JARDIN

LUNDI 26

OH QUEL HORRIBLE MATIN OH QUELLE HORRIBLE JOURNÉE

J'AI L'HORRIBLE IMPRESSION QUE LES GENS CHERCHENT

À M'EMBÊTER

S'IL Y EN A UN SEUL QUI ESSAIE

JE FAIS UN

CARNAGE

MARDI 27

HÉ HÉ HÉ HÉ HÉ
HÉ HÉ HÉ HÉ HÉ

HIER DANS LES ESCALIERS
J'AI PRIS QUELQU'UN PAR SURPRISE
JE LUI AI ENCORE FAIT PEUR AUJOURD'HUI
EN LUI ENLEVANT SES DEUX OREILLES
(SI VOUS AVIEZ VU SA TÊTE !)

19.45 CLUB D'ENTOMOLOGIE

MERCREDI 28

JE CHERCHE DES SOLUTIONS POUR TROMPER L'ENNUI SI JE DEVAIS MOISIR EN PRISON – JE POURRAIS :
- COUPER MES CHEVEUX
- ORGANISER DES COURSES AVEC DES CAFARDS (JE LES ÉCRASERAIS SI ILS ARRIVENT LES PREMIERS)
- COMPTER JUSQU'À 4
- ESSAYER D'OUBLIER QUI JE SUIS ET M'EN RAPPELLER D'UN COUP.

18.00 JOURNAL TÉLÉVISÉ (1° CHAÎNE)
PRÉSENTATEUR (PERRUQUE ?)

JEUDI 29

Tenebrio Molitor

20.00 JOURNAL TÉLÉ (TV5)
(FAIRE ATTENTION)

Vendredi 30

SHOPPING : YAOURT À BOIRE

12.00 VESTE (TWEED) AU PRESSING

Samedi 1

9.20 : SORTIR

10.04 : RENTRER

10.24 : RESSORTIR

12.10 : RENTRER

12.45 : RESSORTIR

14.05 : RENTRER

14.55 : RESSORTIR

14.56 : RENTRER

14.57 : RESSORTIR

CLÉS DE VOITURE

16.50 : RENTRER

17.03 : RESSORTIR

18.43 : OUBLIER DE RENTRER

19.00 : RATER LE PROGRAMME TÉLÉ

10.28 : RENTRER FINALEMENT

Dimanche 2

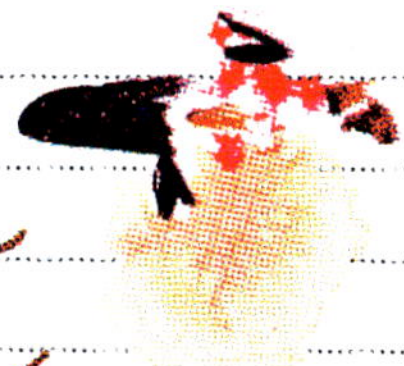

Juillet

Lundi 3

TÉL IRMA GOBB ?

NON, TROP OCCUPÉE.

J'AIMERAIS BEAUCOUP ALLER SUR LA LUNE, MÊME SI D'HABITUDE JE N'AIME PAS LES VOYAGES. PAS DE PROBLÈMES DE LANGUE, PAS DE FOULE À SUPPORTER.

Mardi 4

MAIS PAS D'AIR

9.10 OBJECTIF LUNE

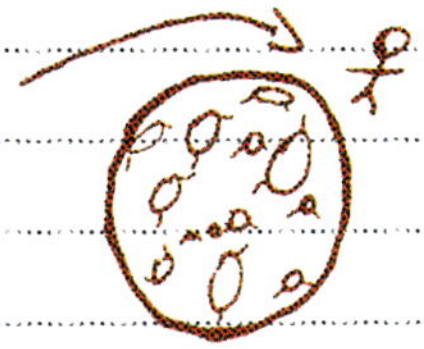

ZUT ZUT ZUT

19.45 CLUB D'ENTOMOLOGIE

PLEIN DE VERMINES GROUILLANTES

MERCREDI 5

CHOSES À FAIRE EN PRISON (SUITE) :
- ESSAYER DE TROUVER UNE RIME À « TRIOMPHE »
- ESSAYER DE S'ENDORMIR ET, UNE FOIS ENDORMI, ESSAYER DE SE RÉVEILLER.
- S'ENCHAÎNER
- S'ENTRAÎNER À NE RÊVER QUE DE TAPIS DE BAIN
- INVENTER MA PROPRE LANGUE _ BLOOB, BIB, BOB, GROB...

HORRIBLE
DES JEUNES AVEC UN ACCENT ~~RIGOLO~~ 17.40 1° CHAÎNE

JEUDI 6

SHOPPING (ÉQUIP. AUTO) : HUILE
GRAISSE
BATTEUR À ŒUFS
FILTRE
CAFÉ
TRUCS À VIS
SERRE-JOINT

LIQUIDE MAGIQUE
RÉVEILLE-MATIN
BOUTEILLE (NE PAS LA PERDRE)

REVISION AUTO (GUIDE PHOTO)

Ju

TRUCS REQUIS

MOTEUR
(EMPLACEMENT DU)

REMPLACEMENT
FILTRE

REMPLISSAGE
RADIATEUR

CHANGER L'HUILE

RETOUCHE PEINTURE

CHANGEMENT
AMPOULE DU COFFRE

FINI!

CLUB D'ENTOMOLOGIE
19.45

MERCREDI 12

ANCIENNE PROCÉDURE D'HABILLEMENT

D'ABORD CHEMISE
PUIS CHAUSSETTES
PUIS SOUS-VÊTEMENT
PUIS PANTALON
PUIS CHAUSSURES
PUIS CRAVATE
PUIS CEINTURE
PUIS VESTE

ENNUYEUX

JEUDI 13

NOUVELLE PROCÉDURE D'HABILLEMENT

D'ABORD CHEMISE
PUIS VESTE
PUIS CRAVATE.

D'ABORD CHAUSSURES
PUIS CHAUSSETTES

STUPIDE

D'ABORD PANTALON
PUIS SOUS-VÊTEMENT
PUIS

IMPOSSIBLE
& STUPIDE
& TIMBRÉ

D'ABORD CEINTURE
PUIS CRAVATE
PUIS CHAUSSURES
PUIS SORTIR DEHORS
↓
PUIS PRISON

INDÉCENT

D'ABORD SOUS-VÊTEMENT
PUIS VESTE
PUIS CRAVATE

DINGUE
DINGUE
DINGUE

VENDREDI 14

10.45 BIBLIOTHÈQUE: RENDRE "AUTANT EN EMPORTE LE VENT"
"POUSSE OU CRÈVE"

& EMPRUNTER "INSECTES D'ANTAN"
PAR E. DALTON
"LE PAYS DU GORE"
PAR ZAK BROOD
"TOUS LES MEMBRES UN PAR UN"
PAR ZAK BROOD (2 TOMES)
"SAIGNEZ-VOUS CONFORTABLEMENT"
(Z. BROOD)

ET DEMANDER À GOBB SI OK POUR CINÉMA

SAMEDI 15

DIMANCHE 16

10.15 PASTEUR
(EXORCISME)

20.10 FILM D'HORREUR

DORMIR LA LUMIÈRE ALLUMÉE

DEMANDER AIDE D'UN PROFESSIONNEL

JUILL

LUND

Club entomologiste
Mairie d'arrondissement de Highbury, Londres N10

Mr Bean
Chez Mme Wicket
Les Jonquilles
Appartement 2, 12 Arbor Road
Londres N10

16 juillet

Cher Mr Bean,

Je pense devoir vous rappeler que nous avons tous été saisis par l'horreur et la répulsion lorsque vous nous avez montré votre collection d'insectes écrasés. Il est inhumain d'assassiner ainsi des créatures de Dieu, uniquement pour le plaisir de monter une collection macabre dans les pages de votre agenda.

Nous avons pris à l'unanimité la décision de signaler votre comportement à la SPA dont, nous l'espérons, vous recevrez bientôt des nouvelles.

Vous êtes vraiment un individu révoltant.

Dr Legge

Dr Legge
Secrétaire du Club Entomologiste

MAR

JUILLET

MERCREDI 19

DEMANDER AIDE D'UN PROFESSIONNEL
cf. CAUCHEMARS

PEUX PAS DORMIR

JEUDI 20

Clossiana Euphrosyne

PEUX PAS DORMIR

VENDRED BAZAR CHEZ SMITH : 1 MIROIR
1 PIEU EN BOIS
10 KG D'AIL

DORMIR LUMIÈRE ALLUMÉE

SAMEDI 22

VERROUILLER LA PORTE
DORMIR LUMIÈRE ALLUMÉE

DIMANCHE 23

8.30 SAINTE COMMUNION
9.30 OFFICE FAMILIAL
11.00 MATINES

18.30 CANTIQUES

(Y ASSISTER RELIGIEUSEMENT)

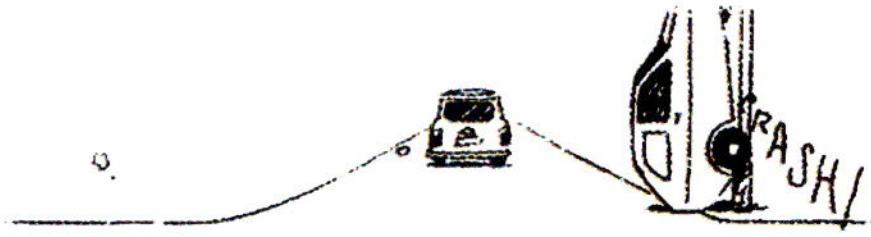

LUNDI 24

RESTER À LA MAISON TOUTE LA JOURNÉE

RESPIRER CALMEMENT

VIDÉO : L'EXORCISTE

MARDI 25

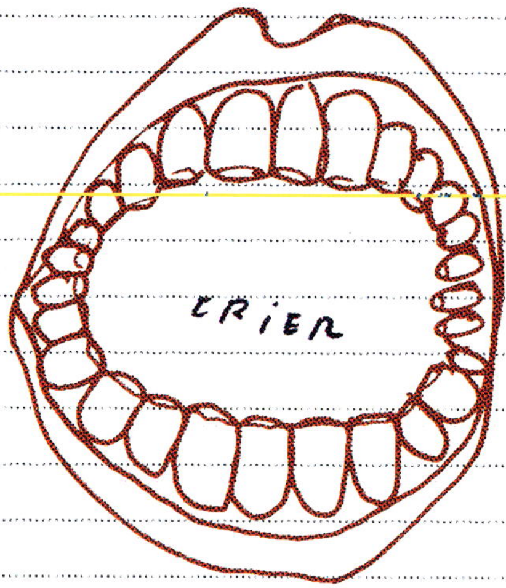

SE RESSAISIR

MERCREDI 26

JE FERME LES YEUX
JE ME CONCENTRE ET JE CHANTE
VADE RETRO
VILAINE CHOSE
JE ROUVRE LES YEUX
ET JE CRIE

VA-T'EN
PREN

VENDREDI 28

18.00 SHIRLEY BASSEY
CHEF CUISINIÈRE
À LA TÉLÉVISION

OUTUVAS

SAMEDI 29

DIMANCHE 30

DRÉ

UN MARRON!

Lundi 31

ÇA VA BEAUCOUP MIEUX AUJOURD'HUI, MERCI.

SHOPPING : HARICOTS
PAIN
WHISKY

Mardi 1

9.45 MME WICKET (LOYER)

15.15 BRÛLER QUELQUE CHOSE (MME WICKET?)

Mercredi 2

IMPORTANTES PERTURBATIONS

HARICOTS AU DÎNER
HARICOTS À L'HEURE DU THÉ
HARICOTS, DU VENT !
ET MOI AUSSI.

Jeudi 3

PERTURBATIONS PLUS IMPORTANTES
(ZONE DU DERRIÈRE)

Vendredi 4 8.30 EMMENER MINI AU TYPE

GARAGE A. & G.
10, rue Vilaine, Twickenham
081 851 1590

Cher Mr Bean

Je crois qu'il faut que vous sachiez que votre mini-Austin est une poubelle. On y a jeté un oeil ce matin et elle est naze. Il vous faut un châssis neuf, mon vieux, et des têtes de bielle, et des supports et un échappement etc., et je ne vous dis pas tout. Les pneus sont aussi lisses que le crâne de Yul Brynner. Va falloir beaucoup d'argent liquide. Du genre deux ou trois mille. Et puis il y a toute cette crasse marron partout (vous avez encore conduit vite!!!). Sans mentir, il y a de la rouille partout, la voiture est vraiment fusillée. Mes pieds ont traversé le plancher sur le rond-point de Sainsburys. L'inventeur de la mini doit se retourner dans sa tombe. Passez au garage, et vous feriez mieux de nous dire ce que vous voulez parce que mardi prochain, on part à Rimini.

Graham

P.S. : mon collègue vous trouve bizarre.

Août

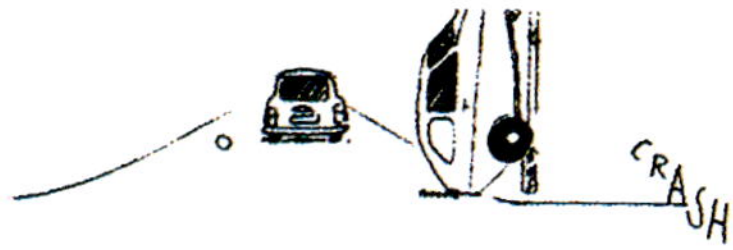

Lundi 7

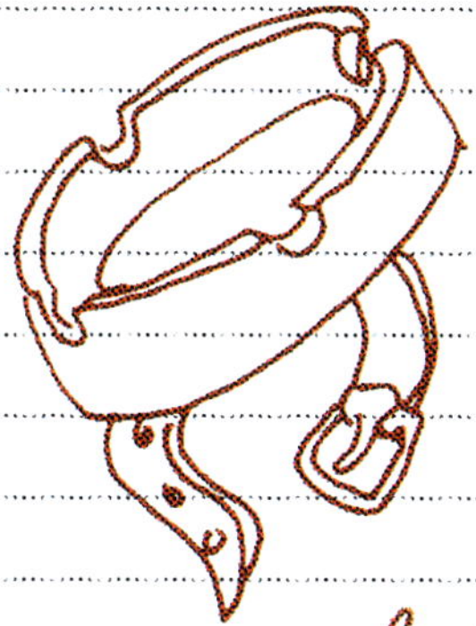

« CENDRIER PORTATIF »
©MR BEAN

Mardi 8

12:00 PARC

MONSIEUR DU CONSEIL

CHER ~~MEMBRE DU~~ CONSEIL

L'ÉTAT DU PARC EST TOUT À FAIT SCANDALEUX ET, ON PEUT DIRE, CATACLYSMIQUE TELLEMENT ÇA SENT FORT.

JE SAIS BIEN QUE J'AI MOI AUSSI CONTRIBUÉ À CET ARÔME, PARCE QUE, COMME VOUS LE SAVEZ PEUT-ÊTRE, J'AI EU DES PETITS PROBLÈMES PERSONNELS, MAIS LE CACA EST ~~UNE MATIÈRE~~

Août

ANTI DÉGOULINEUR
©Mr BEAN

Mercredi 9

"Les Jonquilles" 12 Arbor Road Londres N 10

ASSOCIATION BEAN CONTRE LE CACA (A.B.C.C.)

Cher résident,

J'espère que vous allez bien. Moi ça va. Je vous écris pour vous demander si, comme moi, vous êtes fou de colère et fatigué de trop de cacas.

Les chiens traitent cette rue et le parc comme si c'étaient des toilettes gigantesques, alors que c'en est pas. Rejoignez l'A.B.C.C. et aidez-moi à écraser ce fléau. Tout propriétaire de chien surpris à ~~souiller notre sol~~ autoriser un chien à souiller notre sol recevra une engueulade méritée et autres désagréments.

Ceux qui seront responsables de plus d'un caca prendront un coup dans le dentier.
(On pourra le faire chacun à son tour.)

Si vous êtes intéressé, remplissez ce formulaire et renvoyez-le s'il vous plaît.

- - - - - - - - - - - - - - - - - - - -

Nom ....

Adresse ....

Je pense que votre idée est géniale. Signé ....

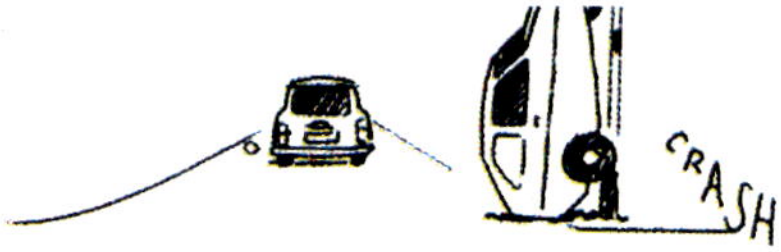

VENDREDI 11

9,45 BIBLIOTHÈQUE (PHOTOCOPIES)
cf. TROPDECACAS (ABcc)

TÉL SOS AMITIÉ
cf. CACA

SAMEDI 12 / DIMANCHE 13

EST-CE QUE J'AIME LE GOLF ?

Août

Lundi 14

PAR AUTORISATION DE SA MAJESTÉ LA REINE
FOURNISSEUR OFFICIEL DE PRÉVENTION ANTI-CACA
ET D'ENLÈVEMENT D'ORDURES

ASSOCIATION BEAN CONTRE LE CACA

Mardi 15

Nom
Adresse
Si je vous vois c'est moi qui vous en collerai une dans le pif en premier!
Je pense que votre idée est géniale. Signé Un propriétaire de chien

Nom
Adresse
Espèce de vieux cinglé!
Je pense ~~que votre idée est géniale~~ signé

Août

Mercredi 16

Jeu

TENTER LE COUP TOUT SEUL

Août

Vendredi 18

POLICE MUNICIPALE
4, Guildford Street
Highbury
London N10

Cher Mr Bean,

Nous avons reçu des informations établissant que vous avez distribué aux habitants de votre quartier des lettres dans lesquelles vous vous plaignez du problème des déjections canines sur les trottoirs. Ceci n'est pas en soi un délit, mais l'incitation explicite à la violence qu'elles contiennent en constitue bel et bien un.

Nous avons d'autre part reçu une plainte émanant d'un propriétaire de chien, affirmant qu'il avait récemment été attaqué par un homme répondant à votre description. Après que le chien du plaignant eut effectué un dépôt accidentel dans le parc, l'assaillant a tenté de forcer le plaignant à mettre son nez dans l'excrément. Ceci n'est pas le genre de comportement qu'un citoyen honorable devrait avoir à subir. Le hooligan possédait également une grande quantité de bouchons et a, avec l'un de ceux-ci, tenté de violer le chien.

Si l'assaillant et vous-même sont la même personne, vous devez bien comprendre que la Police ne voit pas d'un très bon œil ce genre d'attitude. Si nous prenons connaissance d'incidents similaires ou si vous faites circuler d'autres lettres que celles mentionnées plus haut, des poursuites judiciaires seront engagées contre vous.

Je vous prie de croire, Monsieur, à l'expression de nos salutations.

Sergent P.R.D Rickers

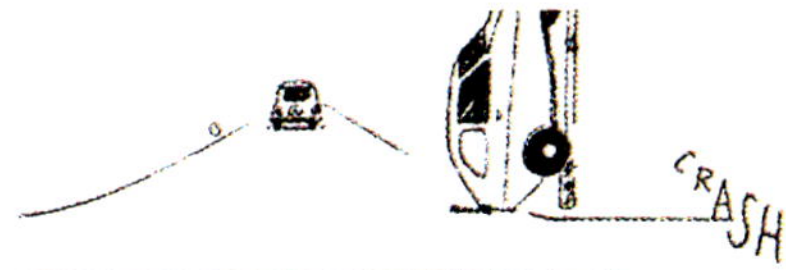

Lundi 21

9H00. COMMENCER OPÉRATION DISSUASION FURTIVE A.B.C.C.

- GLUE
- SOUDE
- TASSEAUX BOIS 2M x 3CM x 3CM
- HOUSSE DE COUETTE
- MANCHE À BALAI
- COUTEAU À PAIN
- ESSIEU DE REMORQUE
- TAIE D'OREILLER
- VENTILATEUR ÉLECTRIQUE
- DRAP DE LIT
- VIS
- CLOUS
- CACA DE CHEVAL (1/2 TONNE)

Mardi 22

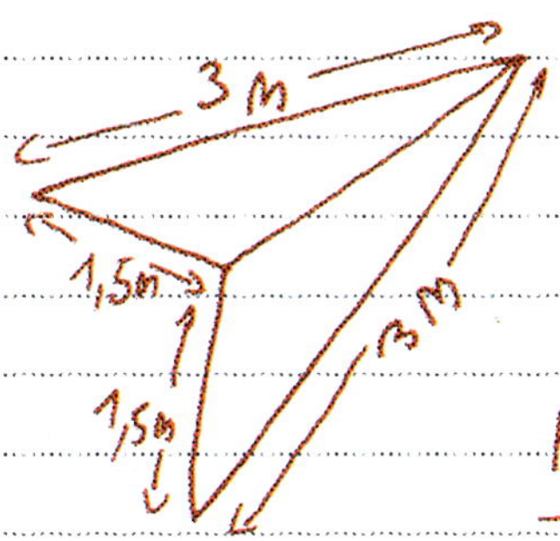

Fig.1

VU UNE FEMME NUE ! (À LA TÉLÉ 23.30 5e CHAÎNE)
HONTE.

Août

Mercredi 23

Mal à la gorge

Si c'est une histoire faite pour durer, il faut que je sois plus ferme avec Irma

Nez encombré

Jeudi 24

Nez complètement bouché plein de morve

Pharmacie : paraffine cures. pipe

16.00 malencontreux accident de morve (Mme Wicket)

Août

Vendredi 25

LETTRE D'EXCUSE (MR WICKET)

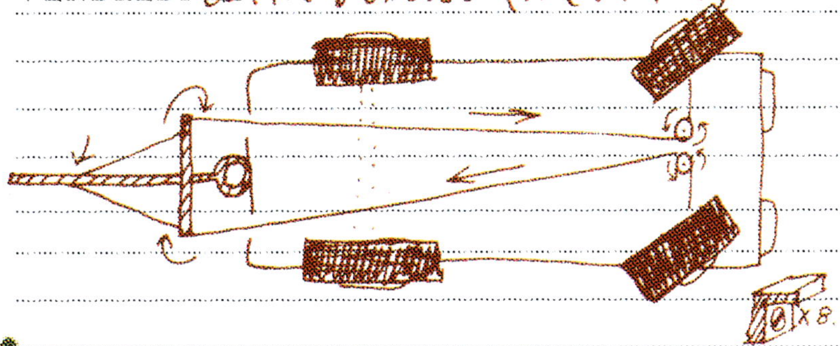

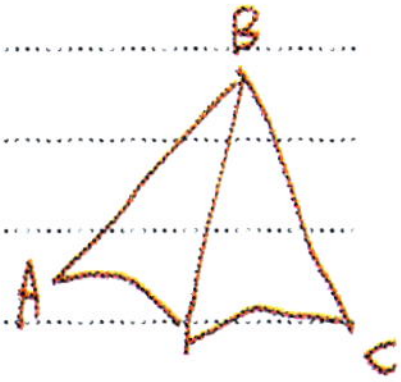

A.B.C.C. DISSUASION : FIG. 2

Samedi 26

CONSTRUCTION À CONTINUER RAPIDEMENT

9.00 BOUM BOUM BOUM

14.30 TAP TAP TAP TAP

20.15 CROUIC CROUIC

Dimanche 27

19.00 BANG BANG BANG
BANG BANG BANG OUILLE !
BANG BANG BANG

Août

Lundi 28

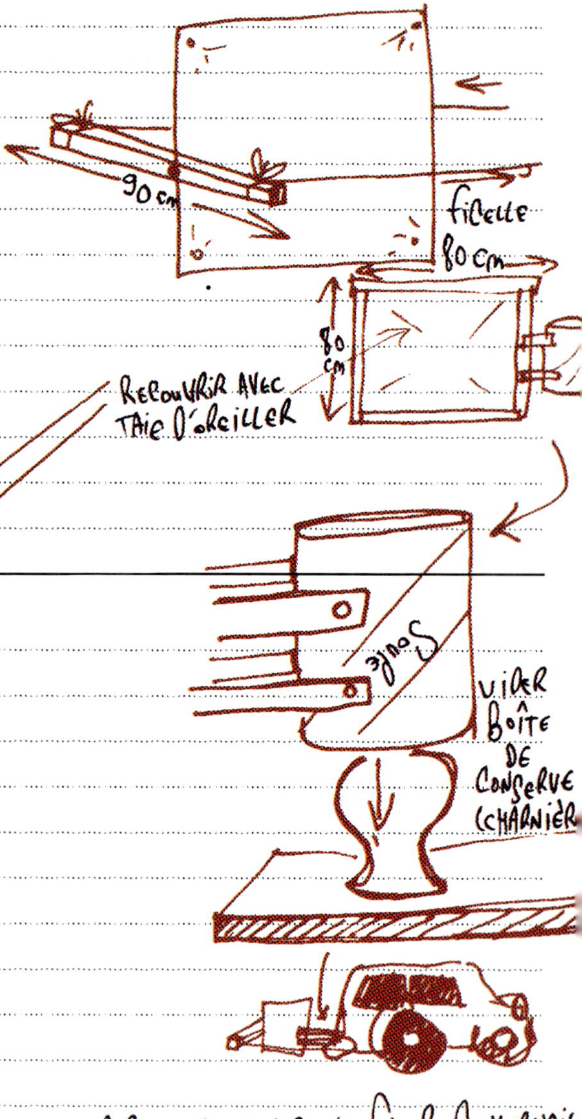

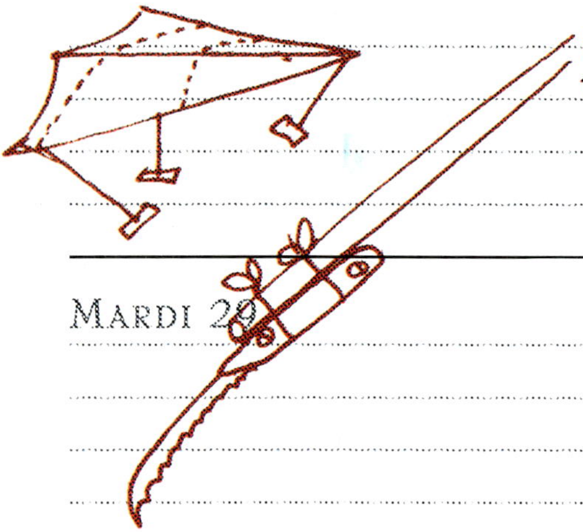

Mardi 29

A.B.C.C. DISSUASION Fig. 3 GOUVERNAIL

Août

Mercredi 30

Mme Wicket partie pour Brighton

10.00 Dégager l'entrée

10.30 Livraison du caca de cheval

Jeudi 31

Matin : remplir housse de couette avec caca de cheval

Idée recette : civet de lapin

2 litres eau chaude
1 lapin
1 assiette
1 couteau
1 fourchette

Bouillir, servir, manger.

VENDREDI 1

MAGASIN : PLUS DE VIS
DES VIS PLUS GROSSES

N.B. BESOIN DE MODIFIER MINUTAGE DES FEUX ROUGES
AU CROISEMENT D'ARBOR ROAD ET DE NEW ROAD.
ÉQUIPEMENT : TOURNEVIS
PINCES
MINI
CERVEAU EN ÉTAT
D'ALERTE MAXIMUM

SAMEDI 2

DIMANCHE 3

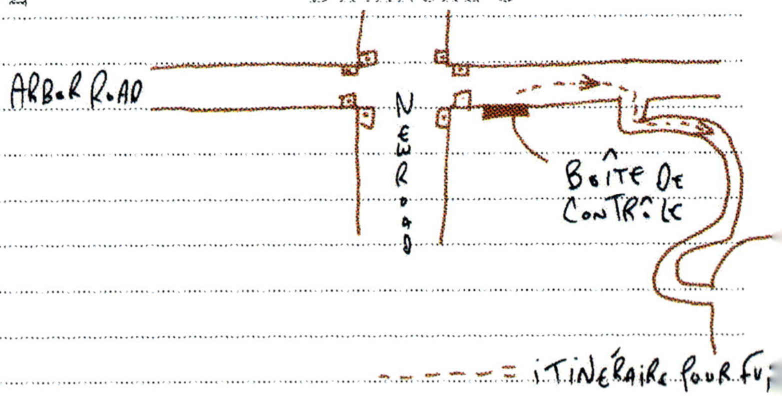

FIG. 4 OPÉRATION LUMIÈRES FURTIVES

LUNDI 4

14.00 – 16.00 Scie !
Scie !
Scie !

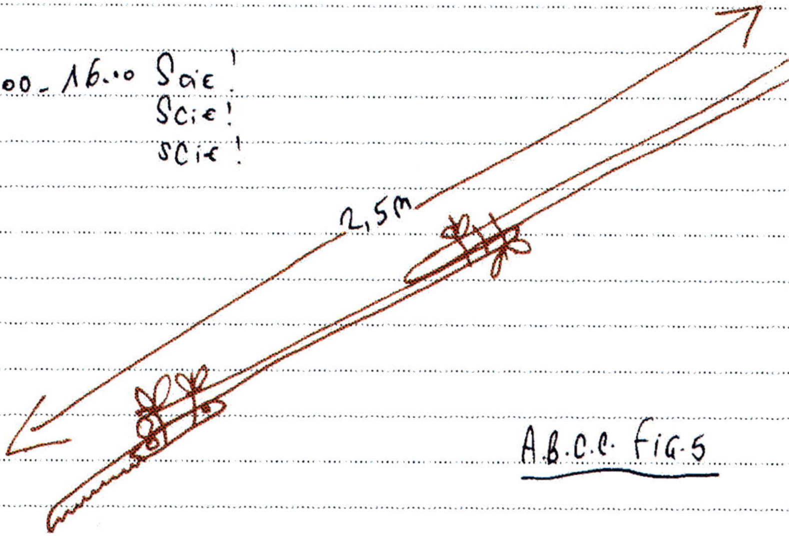

A.B.C.C. FIG. 5

MARDI 5

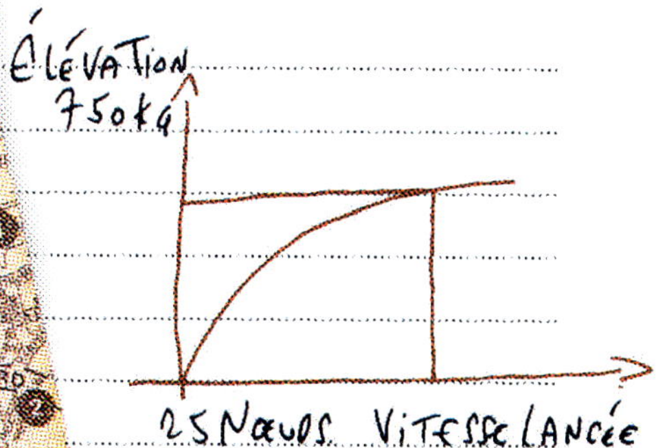

TOUT SEMBLE PARFAIT POUR LE LUNDI 13

Septembre

Mercredi 6

8.30 Bing Bing Bing Bing Scrouic

23.00 BANG BANG BANG

opération A.B.C.C.fiak

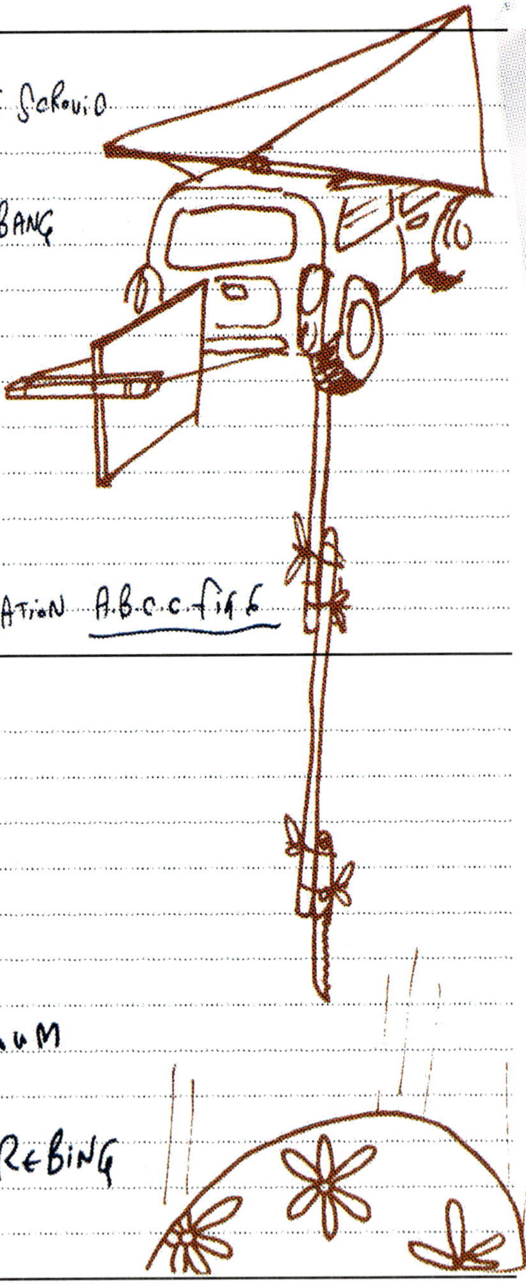

Jeudi 7

14.00 BING BANG BOUM

14.30 REBING ET REREBING

Mr Bean,
Ça fait trois nuits
que je n'ai pas dormi.
Si tout ce bazar
n'arrête pas,
j'appelle la police.
(locataire du N°3
(Hall d'entrée)

OH FICHE-MOI
LA PAIX ET VA TE FAIRE
VOIR EN GRÈCE
(POUR LE RESTE DE TA VIE)

DIMANCHE 10

CHER DIEU,

Ô SEIGNEUR, VOUS
QUI DONNEZ ET QUI REPRENNEZ.
DONNEZ-MOI LA CHANCE POUR LUNDI,
MAIS NE PRENEZ PAS MA VIE, SAUF
SI JE FAIS QUELQUE CHOSE DE VRAIMENT
MAL COMME D'OUBLIER DE TIRER
LA CHASSE DES TOILETTES.

AMITIÉS. MR BEAN

11.15 ÉGLISE
(PRIÈRE, PRIÈRE,
PRIÈRE)

P.S. J'ESPÈRE QUE VOUS ALLEZ BIEN. MOI ÇA VA

Septembre

Lundi 11

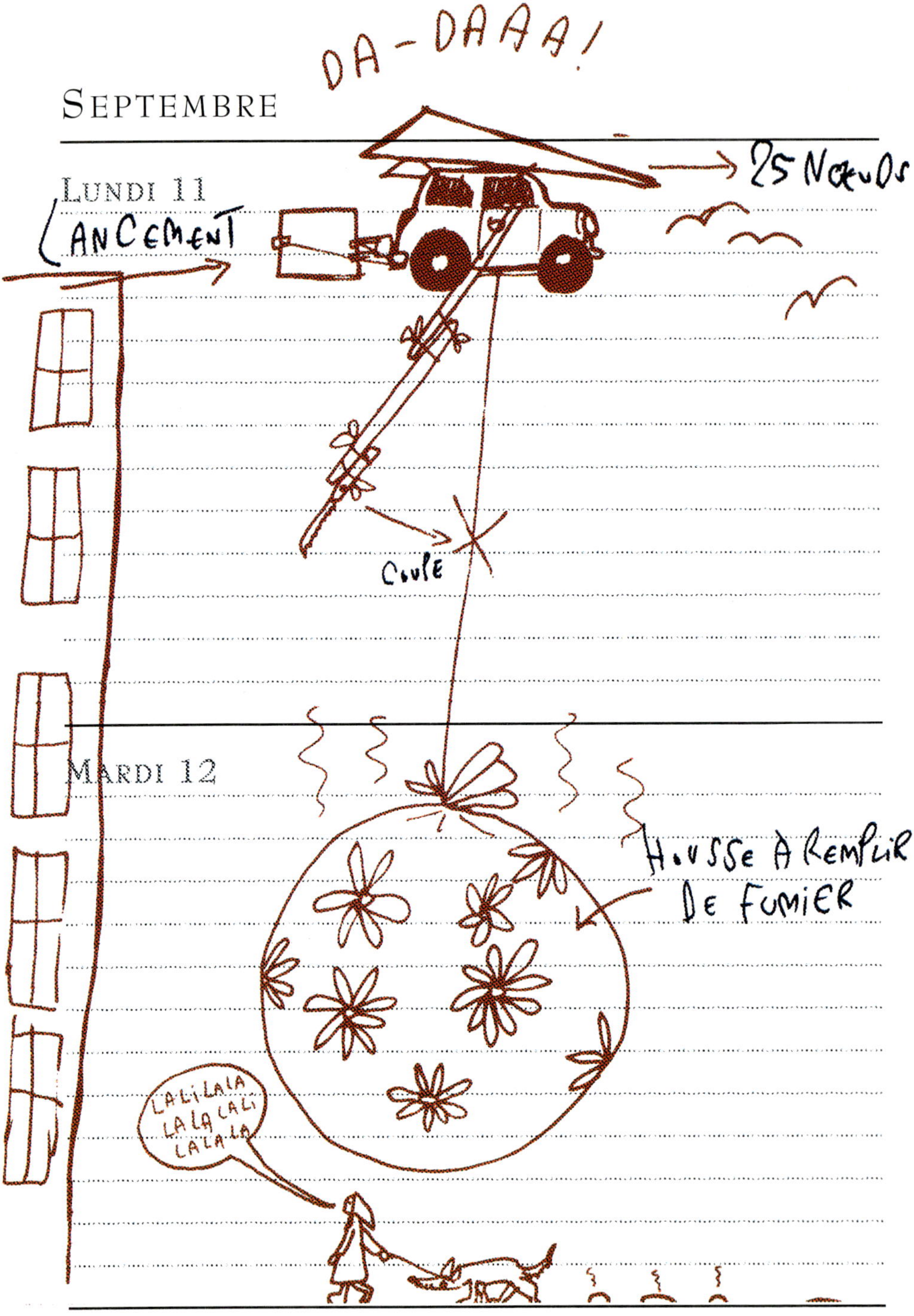

Mardi 12

MERCREDI 13

Highbury Herald 15 se

Arrestation d'un individu bizarre

UN HABITANT de l'arrondissement d'Highbury clamant vouloir "remettre de l'ordre dans le monde" a été arrêté avant-hier après que la Police ait reçu un tuyau selon lequel une Mini-Austin vert citron était sur le point d'être lancée du toit du bâtiment WH Smith.

Le propriétaire de la voiture, un certain Mr Bean résidant dans Arbor Road, a tout d'abord été repéré par des passants de la rue qui ont alerté la Police.

"Le véhicule en question était affublé, sur son toit, d'une paire d'ailes de fabrication artisanale, un peu comme un deltaplane" a déclaré le porte-parole de la Police. Il semble, après examen, que les ailes ont été fabriquées à l'aide d'un vieux draps de lit et quelques morceaux de bois. Nous avons également trouvé dans la voiture un couteau à pain attaché à un manche à balai, ainsi qu'un ventilateur électrique."

La Police a été très surprise de constater que Mr Be était en possession d' tonne de fumier de cheval.

PENSÉES HARCELANTES (CF. MON HÉRÉDITÉ)

16.45 COMMISSARIAT DE POLICE

11.00 NOUVEL INTERROGATOIRE

Septembre

Vendredi 15

Petites annonces

POLICE DE LONDRES

FUMIER À VENDRE

(de cheval)

85 sacs de 5 litres

Au profit des Œuvres de la Police Cedex 77

Rester caché

Samedi 16

Rester caché

Dimanche 17

Rester encore plus caché

Cher Mr Bean,
Moi, je ne crois pas du tout qu'on vous a volé votre voiture.
J'ai vu le fumier de cheval dans l'entrée, et je pense que vous êtes complètement cinglé. Locataire du N°3
(Hall d'entrée)

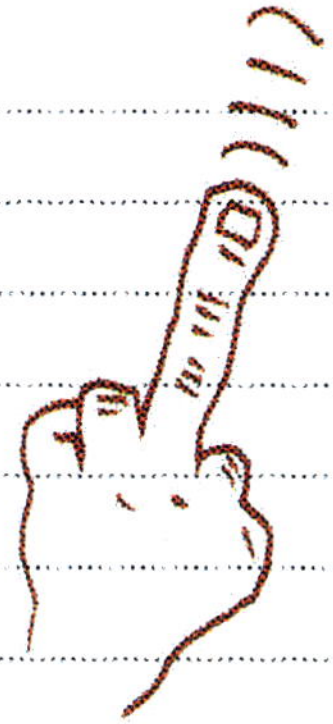

J'AI L'IMPRESSION ÉTRANGE QUE MON ANNIVERSAIRE C'ÉTAIT MERCREDI DERNIER.

MARDI 19

MERCREDI 20

Nom Mr Wilkinson
Adresse 25 Cherry Lane Londres N5
Je pense que votre idée est géniale signé D. Wilkinson

HOURRA !!

JEUDI 21

9.15 Tél Mr Wilkinson

16.30 Mr Wilkinson vient pour le thé

MAGASINS : crêpes
pains au lait
gâteau moelleux
gros gâteau
petit gâteau
gâteau bourratif
gâteau délicieux
+ autres gâteaux

Septembre

Vendredi 22

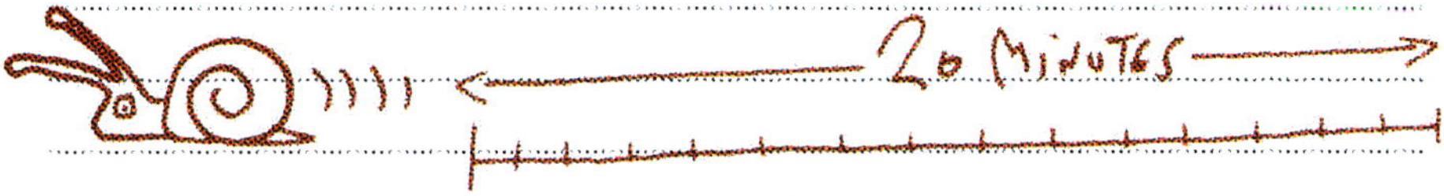

Règle pour escargot

© Mr Bean

15.00 Banque pour retirer 5000 F
pour Mr Wilkinson

Samedi 23

10.00 Conduire Mr Wilkinson
au centre commercial

15.15 Pommade de Mr Wilkinson

Dimanche 24

10.00
Faire briller boutons
et chaussures
de Mr Wilkinson

Mr Wilkinson emprunte
la voiture cet après-midi

10.00 Voiture
pas revenue

LUNDI 25

OÙ EST Mr WILKINSON ?

TUE CRÈVE
SALAUD
DÉMEMBRE
ÉTRIPE

15.45 POLICE

OÙ, MAIS OÙ EST MA VOITURE CHÉRIE ?

MARDI 26

8.40 ATTRAPER LE BUS
POUR ALLER AU CENTRE COMMERCIAL

9.20 BUS

16.30 RETOUR À LA MAISON
DANS LE BUS QUI SENT MAUVAIS

MERCREDI 27

Poème : Attention à Mamie

S'il y a une chose qui n'est pas jolie
c'est bien la vue de quelqu'un qui vomit
Alors faites attention quand vous allez chez Mamie
si vous avez un haut-le-cœur après le thé
alors c'est aux toilettes qu'il vous faut aller
plutôt que de donner quelque chose de gluant à mémé

Mr Bean 27 sept.

19.30 Cours de poésie

JEUDI 28

Refrain possible : Blurp blurp youpi
la tête dans la cuvette
ne pas le montrer à mamie
c'est tout ce que je souhaite
la la la

À ontrer à Mme Rosemary Hosebury

Vendredi 29

OÙ SONT MES 5000 FRANCS ?
OÙ EST MA VOITURE ?
OÙ EST CETTE ORDURE DE TRAÎTRE DE Mr WILKINSON ?

Samedi

JE HAIS LE BUS !!!

OCTOBRE

LUNDI 2

ATTENTION CHUTE DE BUS

© MR BEAN

MARDI 3

PLAN : 10.00 ATTRAPER BUS
10.15 TORTURER BUS
11.00 TUER BUS

Octobre

Mercredi 4

MAGASINS : HACHE
CÉLERI

19.00 COMMENCER
SONNER PORTE

Jeudi 5

13.30 « LA PETITE MAISON DANS LA PRAIRIE » 5e CHAÎNE
LAURA INGALS PERD SON CHIEN ET PLEURE.

CHAMPAGNE !

9.30 SONNER PORTE

OCTOBRE

VENDREDI 6

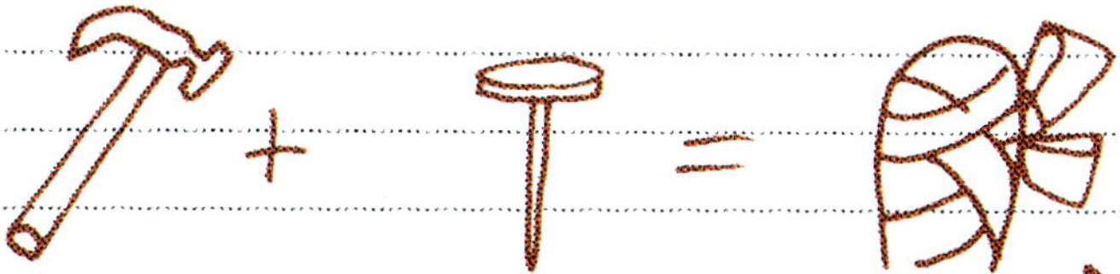

1.45 DU MATIN SONNER PORTE

SAMEDI 7

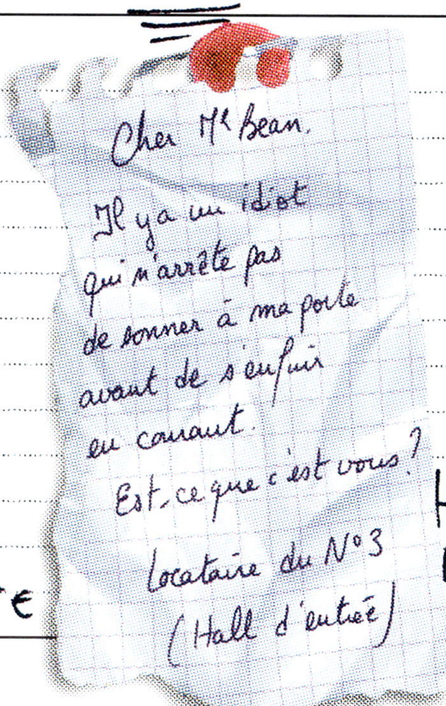
Cher Mr Bean,

Il y a un idiot
qui n'arrête pas
de sonner à ma porte
avant de s'enfuir
en courant.

Est-ce que c'est vous ?

Locataire du N°3
(Hall d'entrée)

11.00 CONTINUER
SONNER PORTE

HA HA HA
HA HA
HA
HA !

Oc

Lu

Mairie d'arrondissement d'Highbury
Département des cours pour adultes
Highbury, Londres N10

Cher Mr Bean,

Je vous écris pour vous parler d'un sujet délicat, mais j'espère que vous saurez apprécier mon honnêteté et ma franchise.

Vous êtes un des élèves les plus assidus de mon cours de poésie et vous avez toujours rendu à la date fixée les devoirs que j'avais demandés J'ai peur de devoir cependant vous dire qu'il y a un certain aspect de votre travail qui est réellement très choquant, non seulement à mes yeux, mais aussi à ceux de vos camarades de classe.
Ceux-ci sont en effet forcés d'assister à vos séances de déclamation poétique, puisque à chaque fois vous insistez pour les lire à voix haute durant les cours, tout en frappant votre table de façon enthousiaste.
Je ne vous dirai jamais assez toute l'admiration que nous avons pour votre enthousiasme. Mais nous avons reçu des plaintes.
Vous vous souvenez certainement qu'Anne Warburton s'est trouvée malade durant votre récitation d'un poème concernant le même sujet (*Le Vomi*) et qu'elle n'est jamais revenue depuis. Derek, un élève de longue date que nous aimons beaucoup, n'a pas dormi pendant une semaine après la lecture de votre *Trilogie de la Saignée*. Mon cours compte aujourd'hui moitié moins d'élèves qu'au début de l'année, et je suis au regret de devoir vous dire que vous-même et votre poésie sont la cause de cette chute d'effectif.

Peut-être pourrions-nous vous trouver un autre sujet d'intérêt ? Notre département des cours pour adultes propose plus de cent sujets d'étude au cours de cette année et je suis sûre que nous pourrions en dégotter un plus en accord avec vos inclinations et votre enthousiasme. Réparation-auto ? Italien ? Il y a certainement quelque chose qui vous conviendrait .
Si vous décidez de quitter nos cours de poésie, nous vous rembourserons bien évidemment vos frais d'inscription et nous vous verserons les frais d'inscription de votre nouveau cours pour les cinq prochaines années.

Amitiés,

Rosemary Hosebury

Mme Rosemary Hosebury

M

VOUS AVEZ GAGNÉ
JE SUIS DEPRIMÉ

22.15 ACHETER BOUTEILLE D'ALCOOL

MERCREDI 11

JE SAIS FAIRE DE LA POÉSIE
QUAND J'EN AI ENVIE

LE WHISKY
EST
DÉLICIEUX

LÉGION ÉTRANGÈRE
0130 33 43 9200 47

PRO
FE
SSE
URS

JEUDI 12

SHIRLEY, OÙ ES-TU ?
SHIRLEY, TU M'ENTENDS ?
TU ME COMPRENDS-TOI

TÉL IRMA

GOBBLE
WOBBLE ENCORE WHISKY

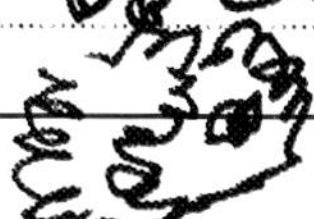

Octobre

Vendredi 13

fais tout très calmement ne fais pas de bruit du tout
je crois que j'ai ce qu'on appelle une gueule de
bois j'ai lu ça dans des livres bouge très
lentement et parle très doucement ne sors
pas dehors et tire les rideaux cautchuuuuu
uuuuuuuuuuuuuuuuuuuuuuuuuuuuuuuut

Samedi 14

9.30 sortir calmement

courses : pain
boulequiès

12.00 retour maison
toujours aussi calmement
monter escaliers sur la
pointe des pieds

Dimanche 15

11.15 ne pas aller
à l'église

Octobre

Lundi 16

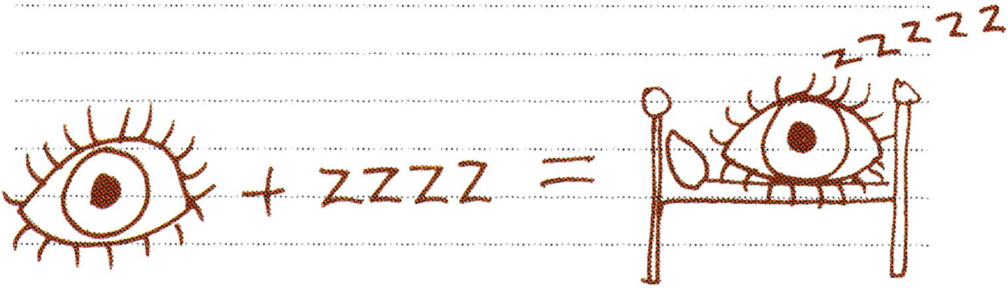

16.15 citron pressé

Mardi 17

8.40 voiture récupérée

Youpiii !

Dieu bénisse la police
qui m'a retrouvé ma voiture
avec le chien qui bouge la tête (intact)

14.10 installer autoradio

Disques pour la voiture : Le meilleur de Shirley Bassey
Les grands titres de Shirley
Best of Bassey
Les meilleures des meilleures chansons de Shirley

Octobre

COURSES : MANCHES À BALAI
DRAPS BLANCS

19.30 COURS DE POÉSIE

20.15 CLUB DE KENDO

Jeudi 19

EXPOSITION D'AUTOMOBILES À EARL'S COURT

Octobre

Vendredi 20

Samedi 21

Dimanche 22

Octobre

Lundi 23

Essence
Laitue
Timbres

23.30 5e chaîne
Je croyais que
les filles
étaient toutes
frisées

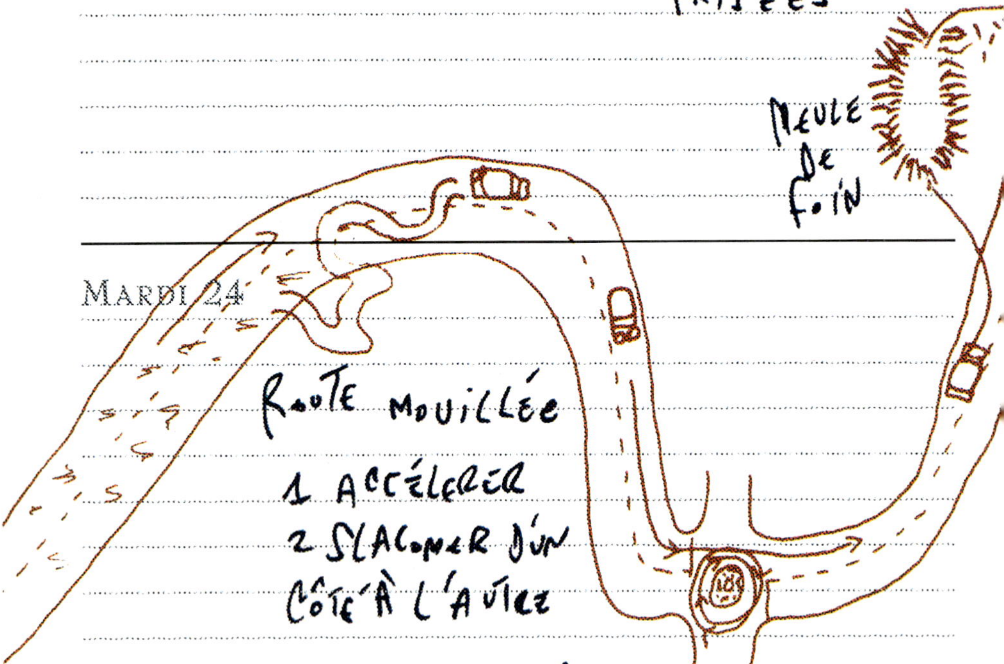

Mardi 24

Route mouillée

1 accélérer
2 slaloner d'un
côté à l'autre

Rond-point
faire trois tours
à fond

MERCREDI 25

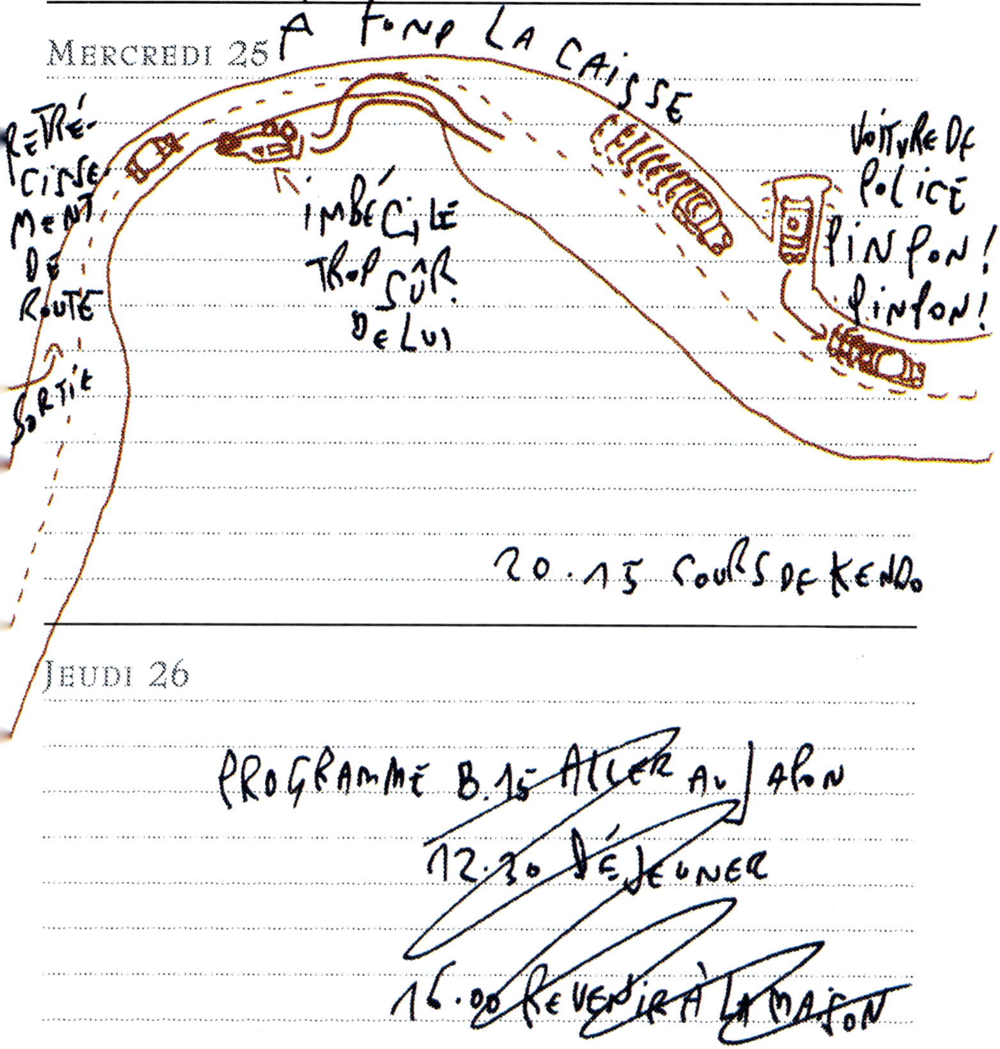

20.15 COURS DE KENDO

JEUDI 26

PROGRAMME ~~8.15 ALLER AU JAPON~~

~~12.30 DÉJEUNER~~

~~16.00 REVENIR À LA MAISON~~

PAS POSSIBLE

Octobre

Vendredi 27

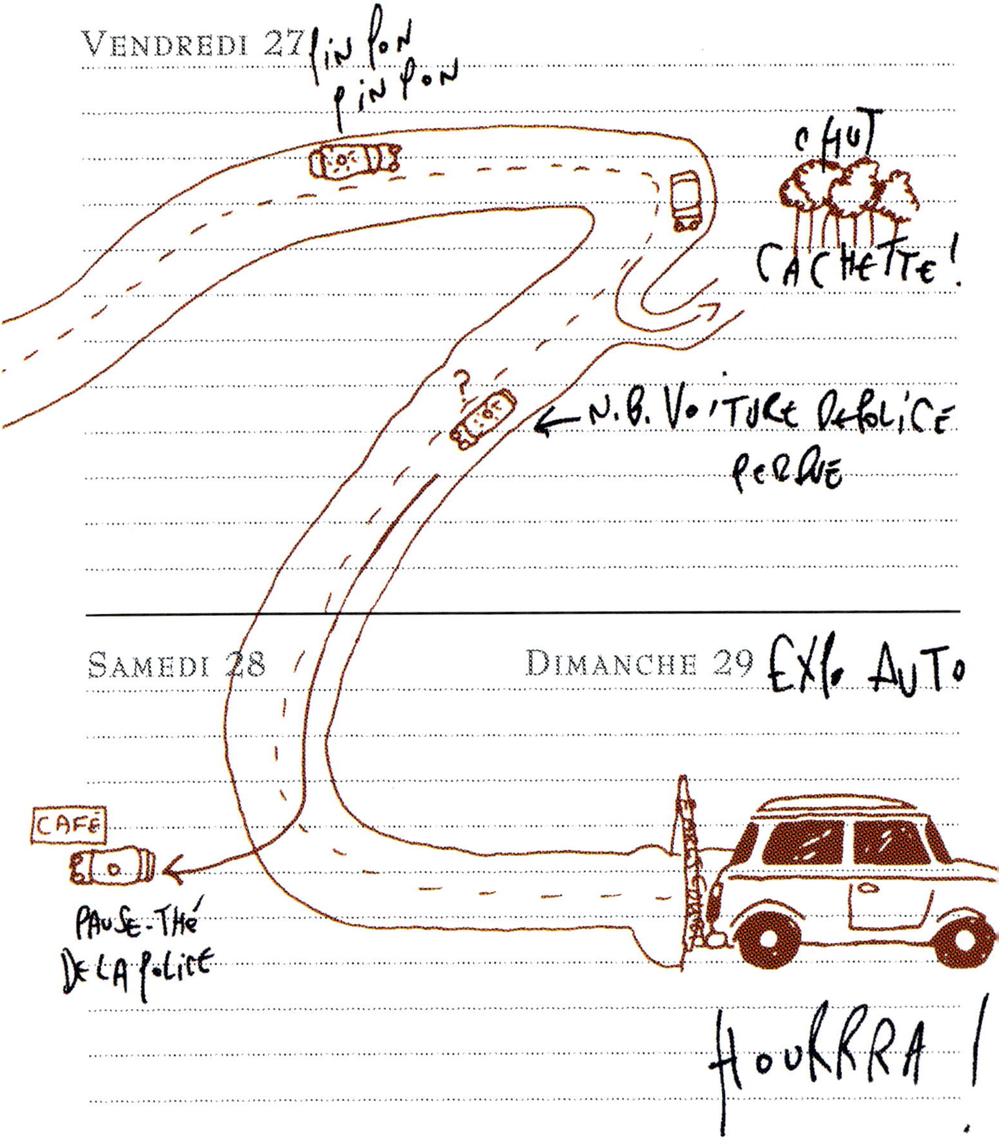

Samedi 28

Dimanche 29

OCTOBRE

LUNDI 30 FOUR EN PANNE TÉL EMPLOYÉ DU GAZ

ACHETER DES TRUCS
POUR SALADES = TOMATES
CONCOMBRE
HERBES
INSECTES
TERRE

DÎNER : SALADE ET PAIN

MARDI 31

9.00 EMPLOYÉ DU GAZ

12.00 FOUR TOUJOURS EN PANNE

DÉJEUNER : SALADE

STUPIDE STUPIDE
EMPLOYÉ DU GAZ

DÎNER : SALADE

MERCREDI 1

JE HAIS LES SALADES

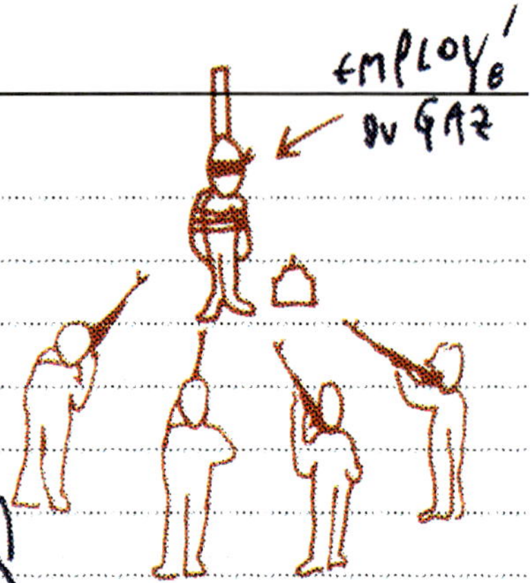

20.15 ESSAYER DE CUISINER SANS FOUR
(CÔTES D'AGNEAU)

21/00 POMPIER

2.45 AU LIT

JEUDI 2

9.00 COURSES = FARINE x 30 kgs
ŒUFS

COMPLOT COMPLOT COMPLOT COMPLOT COMPL

VENDREDI 3

COMPLOT COMPLOT COMPLOT COMPLOT COMPLOT COMPLOT COMPLOT COMPLOT

20,00 SOIRÉE FEU DE JOIE
(DANS LE PARC)

LEUR ENVOYER UNE BOMBE DE FARINE
(ET PUIS LEUR JETER DES ŒUFS
SI J'AI LE TEMPS)

SAMEDI 4

9.00 COMMISSARIAT
INTERROGATOIRE

TOUTE LA JOURNÉE

DIMAN

Panique au parc

La Police a été appelée hier soir à se rendre dans le parc, où elle a apréhendé un homme soupçonné de vouloir lancer une bombe explosive dans le feu de joie organisé chaque année par la municipalité.

«Ce que nous pensions être une bombe s'est en fait révélé être un sac rempli de farine et d'œufs» a déclaré **Don Haze**, le responsable de la manifestation. «Lorsque je l'ai obligé à descendre de l'arbre où il était caché, il m'a dit qu'il voulait juste faire un gateau».

Mr Bean, un habitant d'Arbor Road, a été emmené au poste de Police p...

Lundi 6

Mardi 7

13.00 ŒUF

19.00 AUTRE ŒUF

COMMISSARIAT CENTRAL DE LONDRES

REÇU

Votre référence :

Biens déposés

Notre référence :

– 2 MANCHES À BALAI

AGENT POLICE R. LEWIS

Les biens mentionnés ci-dessus ont été confisqués dans l'attente d'une décision de justice correctionnelle.

20.15
CLUB DE KENDO

DÉFIER LE
PROFESSEUR
EN DUEL

5.15
DUEL À L'AUBE

ÉQUIPEMENT :
MANCHE
À BALAI
DRAP

16.45 HÔPITAL
(MINERVE)

18.00 COMMISSARIAT
(MANCHES À BALAI)

Novembre

Fiançailles/Mariag

GOBB - GUMMER
Irma Edith Gobb, bibliothécaire, et Gilles Gummer, anesthésiste, sont heureux d'annoncer leurs fiançailles.

PACE - PARKES
Carina Pace, productrice, et Roger Parke... sont heur...

Vendredi 10

16.15 MARQUER MON TERRITOIRE

QUOI !?

Samedi 11

Dimanche 12

PLAN

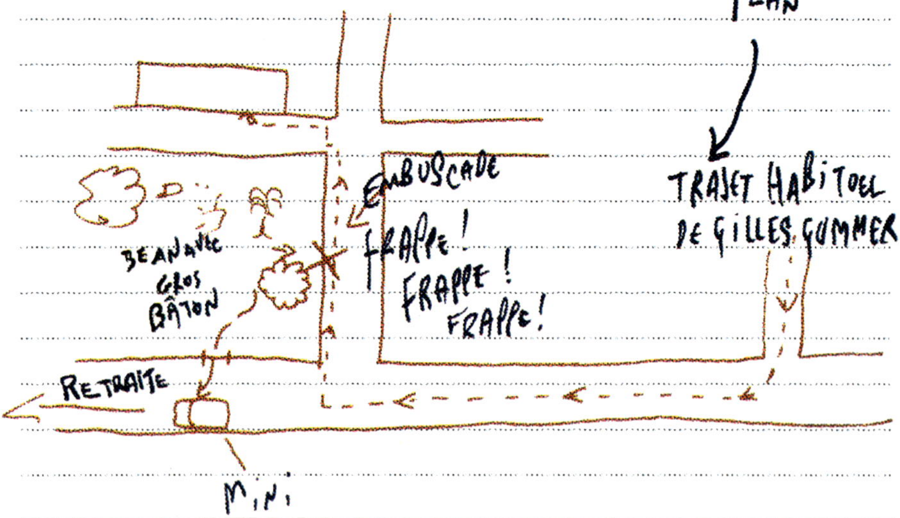

LUNDI 13

LETTRE

TRÈS TRÈS TRÈS TRÈS TRÈS TRÈS TRÈS TRÈS IMPORTANTE !

16.00 BOÎTE AUX LETTRES

HO ! HISSE !

MARDI 14

DIS-MOI MARDI
T'EN AS PAS MARRE, DIS ?

~~16.00 EMBUSCADE RUMMER~~

SOUPÇONS POLICE

CACHER AGENDA

RUMMER

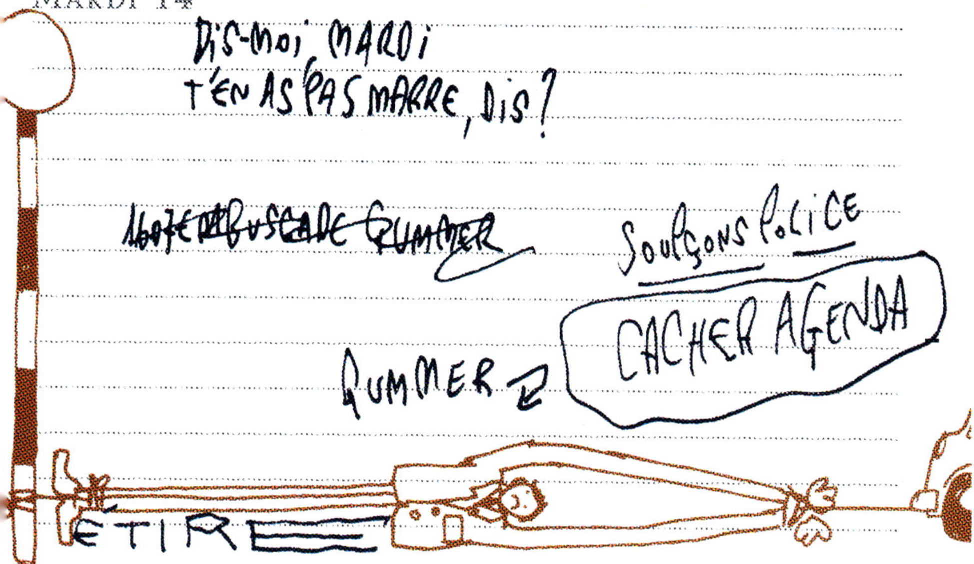

MERCREDI 15

CACHER AGENDA

12.15 VISITE
DE LA POLICE

20.15 CLUB ~~DE [illegible]~~

N. B. : DANSE FOLKLORIQUE LUNDI PROCHAIN

JEUDI 16

RECETTE DU TOAST

PAIN SEC
MANGER

V

Shirley Bassey S.P.

Spectacles et Productions

Las Vegas • Hollywood • Monte Carlo • Londres

Mr Bean
Chez Mme Wicket
Les Jonquilles
Appartement 2
12 Arbor Road
Londres N 10

Cher Mr Bean,

Merci pour la lettre que vous avez récemment envoyée à Mme Bassey, et pardonnez-nous d'avoir mis tant de temps à répondre.

Je regrette de devoir vous écrire que les microphones utilisés par Mme Bassey durant ses spectacles sont des équipements extrêmement coûteux et qu'il serait impossible de les faire parvenir aux fans qui désirent un souvenir et qui en font la demande.

Veuillez trouver ci-joint une photo dédicacée en guise de compensation.

Amitiés

Richard Kershaw

Richard Kershaw
Manager Technique
Shirley Bassey S.P.

ECRIRE À NOUVEAU

Novembre

Lundi 20

19.00 DANSE FOLKLORIQUE

Mardi 21

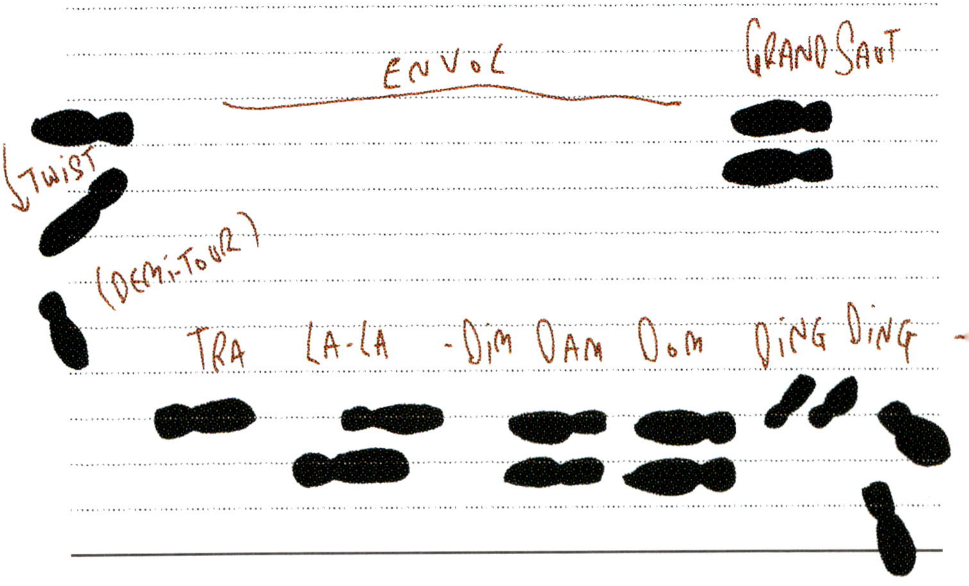

MERCREDI 22

JEUDI 23

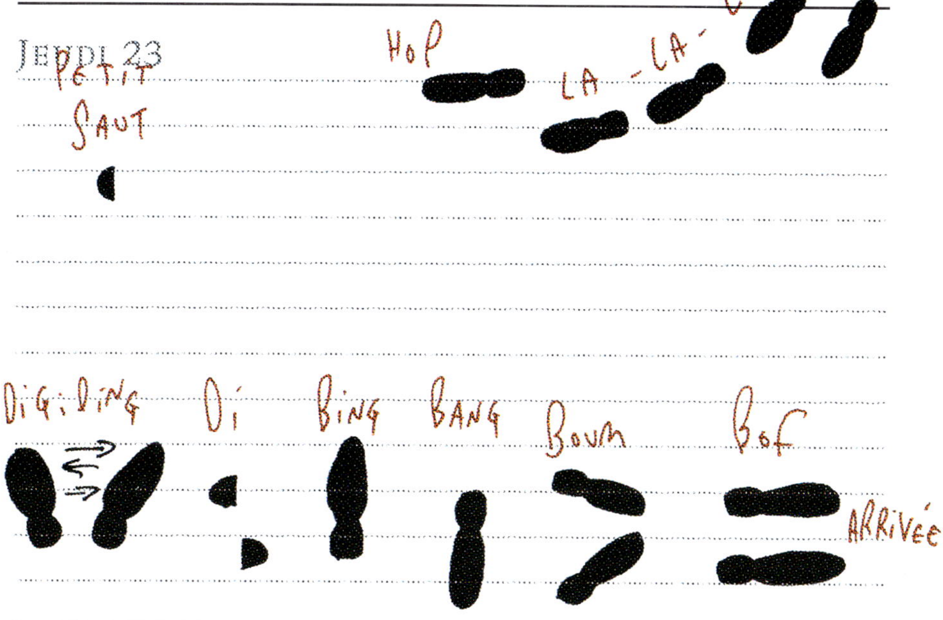

NOVEMBRE

VENDRE

14.00
CHAUSSURES
MIEL

SHIRLEY BASSEY S.P.
Spectacles et Productions
Las Vegas • Hollywood • Monte Carlo • Londres

Mr Bean
Chez Mme Wicket
Les Jonquilles
Appartement 2
12 Arbor Road
Londres N 10

Cher Mr Bean,

Nous avons bien reçu votre dernière lettre datée du 17 juillet dernier.

J'ai bien compris que nous avions mal lu votre lettre précédente et que dans celle-ci vous exprimiez le souhait, non pas d'obtenir un micro de Mme Bassey, mais plutôt *d'être* son micro.

Je vous préviens qu'en accord avec les règlements de notre société, nous avons transmis votre lettre à la Police.

Je vous prie de croire, Monsieur, à l'expression de mes salutations cordiales.

Adrian Silverman

Adrian Silverman

SAME

LUNDI 27 Mme WICKET PARTIE À BOURNEMOUTH

PRENDRE SOIN DE KIPPER

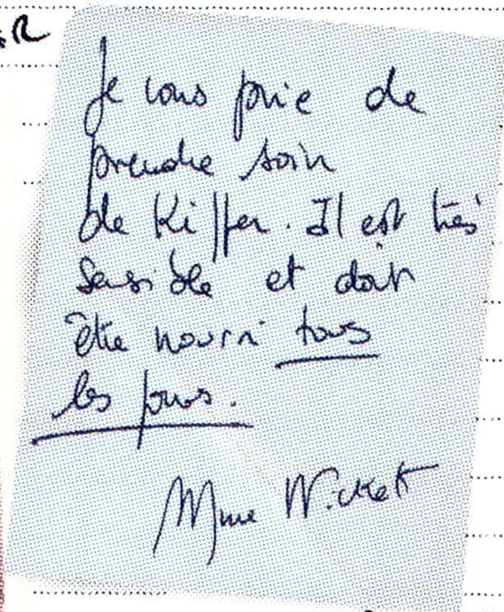

Je vous prie de prendre soin de Kipper. Il est très sensible et doit être nourri tous les jours.

Mme Wicket

KIPPER

DANSE FOLKLORIQUE

DA LACI CALADOUM DOUM

1-21-21-21-21-2 ET LE RESTE

M

PLUS QUE 25 JOURS AVANT NOËL

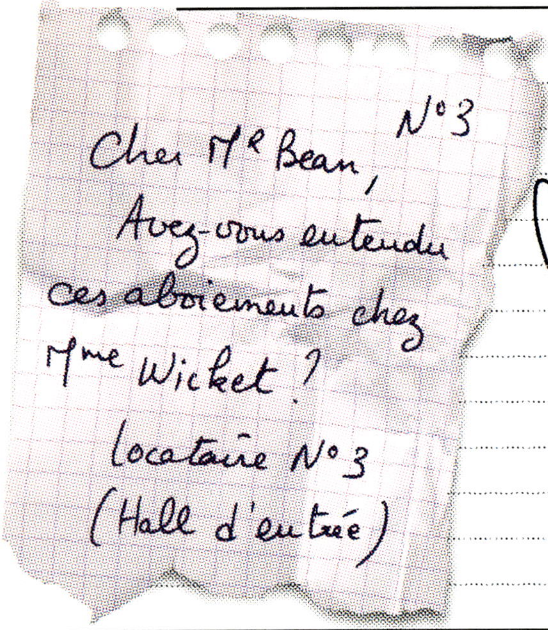
N° 3
Chez Mr Bean,
Avez-vous entendu ces aboiements chez Mme Wicket ?
locataire N° 3
(Hall d'entrée)

CELUI QUI ABOIE C'EST TOI !

IMPRESSION D'AVOIR OUBLIÉ QUELQUE CHOSE

JEUDI 30

IMPRESSION D'AVOIR OUBLIÉ QUELQUE CHOSE

DÉCEMBRE

VENDREDI 1

impression d'avoir
oublié quelque chose

SAMEDI 2

8.00 impression d'avoir
oublié quelque chose

OH MON DIEU
NON

AAAAAARGHH

minuit : déposer le corps
de Kipper au milieu de
la rue (avoir l'air naturel)

DIMANCHE 3

Mme Wicket de retour
de Bournemouth

Chère ~~Madame~~ Mme Wicket

J'ai été désolé
d'apprendre que Kipper
s'était échappé et s'était fait
écraser pendant que j'avais le dos
tourné. Je crois que j'étais en
train de faire du repassage à ce
moment-là, et je crois avoir entendu
la voiture freiner même si j'ai cru
que c'était une chauve-souris qui
poussait son cri subsonique mais

Décembre

Lundi 4

11.00 ENTERREMENT (Killer)

SOLUTION...

13.15 ÉVIER BOUCHÉ

Mardi 5

TEL MADAME SANDRA

14.00 MADAME SANDRA

ÇA MARCHE PAS

Mercredi 6

11.00 MADAME SANDRA
(QUELQUES PROGRÈS)
FANTÔME DE MAMAN ?

Jeudi 7

11.45 MADAME SANDRA

CONTACT ÉTABLI AVEC MAMAN

QUESTION : OÙ EST LA VENTOUSE POUR L'ÉVIER ?
RÉPONSE : SOUS L'ESCALIER

12.12 ÉVIER DÉBOUCHÉ

Décembre

Vendredi 8

13..0 Pommes chips

Samedi 9

Dimanche 10

2 semaines avant le petit Jésus

LUNDI 11

9.15 MADAME SANDRA
(PARLER À CHARLES DICKENS)

QUESTION : QUE SERAIT-IL ARRIVÉ AU PERSONNAGE PRINCIPAL S'IL AVAIT EU LE TEMPS DE TERMINER "LE MYSTÈRE D'EDWIN DROOD" ?

RÉPONSE : NE S'EST TOUJOURS PAS DÉCIDÉ.

MARDI 12

CHER ~~PÈRE~~ MR ~~LE~~ PÈRE NOËL

J'ESPÈRE QUE VOUS ALLEZ BIEN.

MOI ÇA VA - IL RESTE VRAIMENT PLUS BEAUCOUP DE TEMPS AVANT NOËL, ALORS J'AI PENSÉ QUE JE POURRAIS ÉCRIRE UNE LISTE PROVISOIRE DE CADEAUX CLASSÉS PAR ORDRE DE PRÉFÉRENCE :

1. BEAUCOUP D'EXPLOSIFS PUISSANTS (NITROGLYCÉRINE OU ÉQUIVALENT)
2. UNE PETITE FOURCHETTE EN CAOUTCHOUC
3. UNE NOUVELLE MÈRE
4. UN CROCHET EN CUIVRE (PORTE TOILETTE)
5. CE QUE VOUS VOULEZ

MERCREDI 13

10.00 ACHETER UNE NOUVELLE TÉLÉ

+ JOURNAUX TIMES RADIO

TIMES TV

~~TIMES FINANCES~~

VITE !

JEUDI 14

NOUVEAU PLAN D'APPARTEMENT POUR NOËL

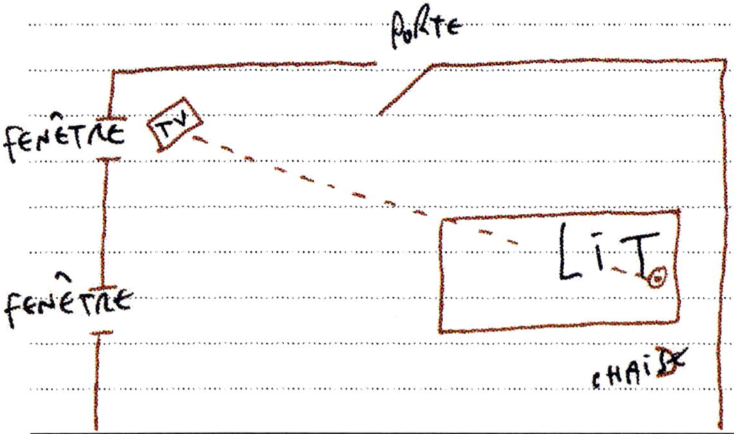

VENDREDI 15

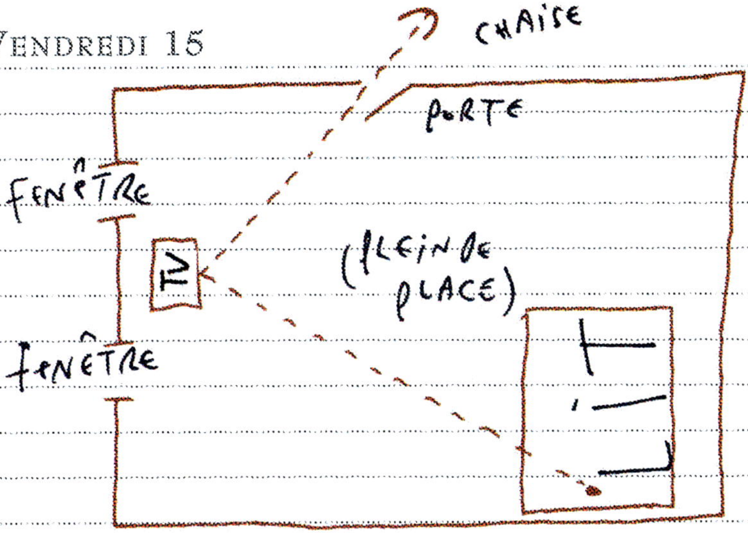

SAMEDI 16

DIMANCHE 17

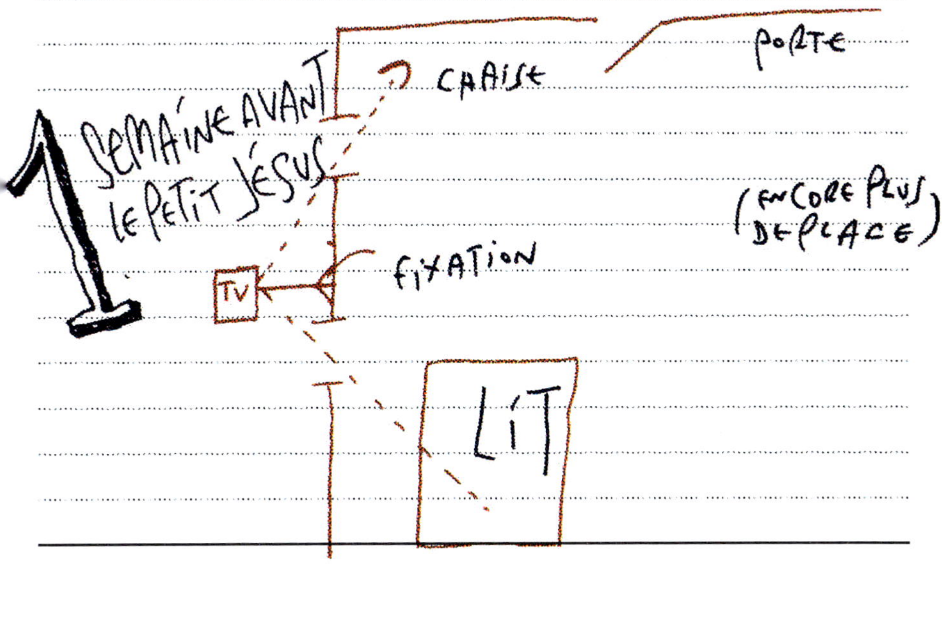

LUNDI 18

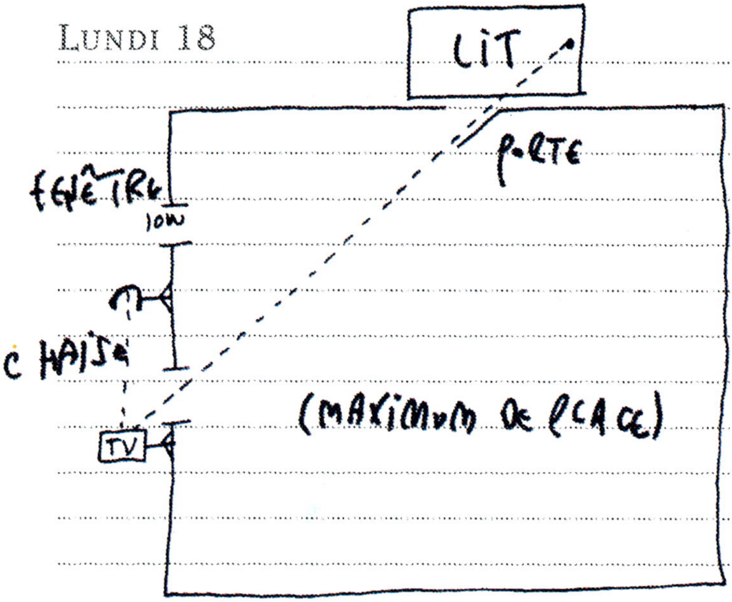

MARDI 19

CHER Mr PÈRE NOËL

J'ESPÈRE QUE VOUS ALLEZ BIEN.
MOI ÇA VA. PLUS QUE QUATRE JOURS AVANT
L'ANNIVERSAIRE DE NOTRE SEIGNEUR JESUS.CHRIST
ET J'AI CHANGÉ D'AVIS. MAINTENANT J'AIMERAIS BIE
AVOIR UNE BATTERIE SUR LAQUELLE JE POURRAIS FRAP
FRAPPER ET FRAPPER ET FRAPPER -

NOUVEAU CLASSEMENT : 1 CAISSE CLAIRE 5 TAM-TAM
2 CYMBALES 6 " "
3 GROSSE CAISSE 7 " "
4 TAMBOUR 8 CROCHET EN CUIVRE (PORTE TOILETTES)
9...
10 NITROGLYCÉRINE

MERCREDI 20

POSTER LETTRE AU PÈRE NOËL

ENTRAÎNEMENT BATTERIE :

MAIN DROITE | DING DING DING DING DING DING DING DING
MAIN GAUCHE | PAF PAF PAF PAF
| BOUM BOUMBOUM BOUM BOUMBOUM
PIED DROIT
PIED GAUCHE | CHTAK CHTAK

JEUDI 21

LE PÈRE NOËL DEVRAIT RECEVOIR LETTRE CE MATIN

GAUCHE DROITE GAUCHE DROITE GAUCHE DROITE GAUCHE DROITE GAUCHE

ESSAYER. BIDING BIDING BIDING

GAUCHE DROITE GAUCHE PIED DROITE DROITE

BIDING BIDING BIDINC

GAUCHE GAUCHE

BAM BAM

CHTONK

EXCITANT EXCITANT

EXCITANT EXCITANT

SI JE REÇOIS UNE BATTERIE, JE VAIS DEVENIR CINGLÉ

DÉCEMBRE

VENDREDI 22

JE VEUX UNE BATTERIE
JE VEUX UNE BATTERIE
TIDING DING DING KACATARACATA
BOOM BOUMTCHAC

COURSES : ACHETER BISCUITS CROUSTILLANTS

ACHETER CROCHET CUIVRÉ

SAMEDI 23

OOOOH ! UN CROCHET
EN CUIVRE POUR NOËL !

JUSTE CE DONT J'AI
BESOIN !!

MON CADEAU

PAS D'AUTRES CADEAUX

(BISCUITS PAS CROUSTILLANTS – LES REPORTER AU MAGASIN)

LUNDI 25

10.00 ALLER AU PARC (VIDE)

ENTRAÎNEMENT BATTERIE

MAGASINS TOUS FERMÉS

SOIRÉE : À LA MAISON

MARDI 26

ARROSER PLANTES (JARDIN DU VOISIN)

ENTRAÎNEMENT BATTERIE

JE N'AIME PAS BEAUCOUP NOËL, POUR ÊTRE HONNÊTE

MERCREDI 27

~~ENTRAINEMENT BATTERIE~~

COURSES : PAIN
NOISETTES
MANDARINES

JEUDI 28

9.00 OBSERVATION OISEAU

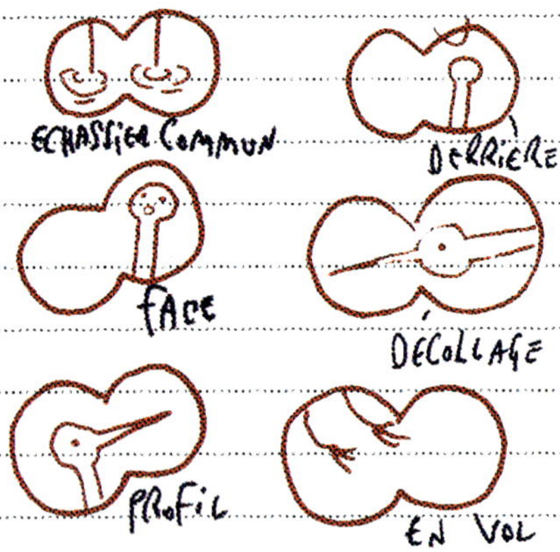

19.00 ÉCHASSIER COMMUN
(BEC COMME MASQUE À GAZ OBSERVÉ 2 - 2 HEURES 1/2)

VENDREDI 29

RÉSOLUTIONS NOUVELLE ANNÉE

1.
2.
3. RANGER MA CHAMBRE
4.

MARIAGE

JE NE TROUVE RIEN

SAMEDI 30

DIM

TOUTE NOUVELLE ANNÉE
CLAIRE ET BRILLANTE ET ÉTINCELANTE

NOUVELLE ANNÉE

LUIT

BRILLE

Cher Mr Bean,
Ça vous dirait
de passer boire
un verre pour
la nouvelle année?
Martin Davis
(locataire du No3)

TOURNEZ S.V.P →

PLANNING

	JANVIER	FÉVRIER	MARS	AVRIL	MAI	JUIN
LUNDI	1					
MARDI	2				1	
MERCREDI	3				2	
JEUDI	4	1			3	
VENDREDI	5				4	1
SAMEDI	6				5	2
DIMANCHE	7				6	3
LUNDI	8				7	4
MARDI	9				8	5
MERCREDI	10				9	6
JEUDI	11				10	7
VENDREDI	12				11	8
SAMEDI	13				12	9
DIMANCHE	14				13	10
LUNDI	15				14	11
MARDI	16				15	12
MERCREDI	17				16	13
JEUDI	18				17	14
VENDREDI	19					15
SAMEDI	20			14	19	16
DIMANCHE	21		18	15	20	17
LUNDI	22	19	19	16	21	18
MARDI	23	20	20	17	22	19
MERCREDI	24	21	21	18	23	20
JEUDI	25	22	22	19	24	21
VENDREDI	26	23	23	20	25	22
SAMEDI	27	24	24	21	26	23
DIMANCHE	28	25	25	22	27	24
LUNDI	29	26	26	23	28	25
MARDI	30	27	27	24	29	26
MERCREDI	31	28	28	25	30	27
JEUDI			29	26	31	28
VENDREDI			30	27		29
SAMEDI			31	28		30
DIMANCHE				29		
LUNDI				30		
MARDI						

JANVIER FÉVRIER MARS AVRIL MAI JUIN

Planning

	Juillet	Août	Septembre	Octobre	Novembre	Décembre
Lundi				1		
Mardi				2		
Mercredi		1		3		
Jeudi		2		4	1	
Vendredi		3		5	2	
Samedi		4	1	6	3	1
Dimanche	1	5	2	7	4	2
Lundi	2	6	3	8	5	3
Mardi	3	7	4	9	6	4
Mercredi	4	8	5	10	7	5
Jeudi	5	9	6	11	8	6
Vendredi	6	10	7	12	9	7
Samedi	7	11	8	13	10	8
Dimanche	8	12	9	14	11	9
Lundi	9	13	10	15	12	10
Mardi	10	14	11	16	13	11
Mercredi	11	15	12	17	14	12
Jeudi	12	16	13	18	15	13
Vendredi	13	17	14	19	16	14
Samedi	14	18	15	20	17	15
Dimanche	15	19	16	21	18	16
Lundi	16	20	17 10.00	22	19	17
Mardi	17	21	18 CHANGEMENT	23	20	18
Mercredi	18	22	19 DE SEXE ?	24	21	19
Jeudi	19	23	20 (de LAHOTE)	25	22	20
Vendredi	20	24	21	26	23	21
Samedi	21	25	22	27	24	22
Dimanche	22	26	23	28	25	23
Lundi	23	27	24	29	26	24
Mardi	24	28	25	30	27	25
Mercredi	25	29	26	31	28	26
Jeudi	26	30	27		29	27
Vendredi	27	31	28		30	28
Samedi	28		29			29
Dimanche	29		30			30
Lundi	30					31
Mardi	31					

Juillet Août Septembre Octobre Novembre Décembre

NOTES

© Mr BEAN

Notes

PROGRAMME

→ 1 Photocopie x 10 Millions

Puis en 2,

DÉPENSER

TOUT

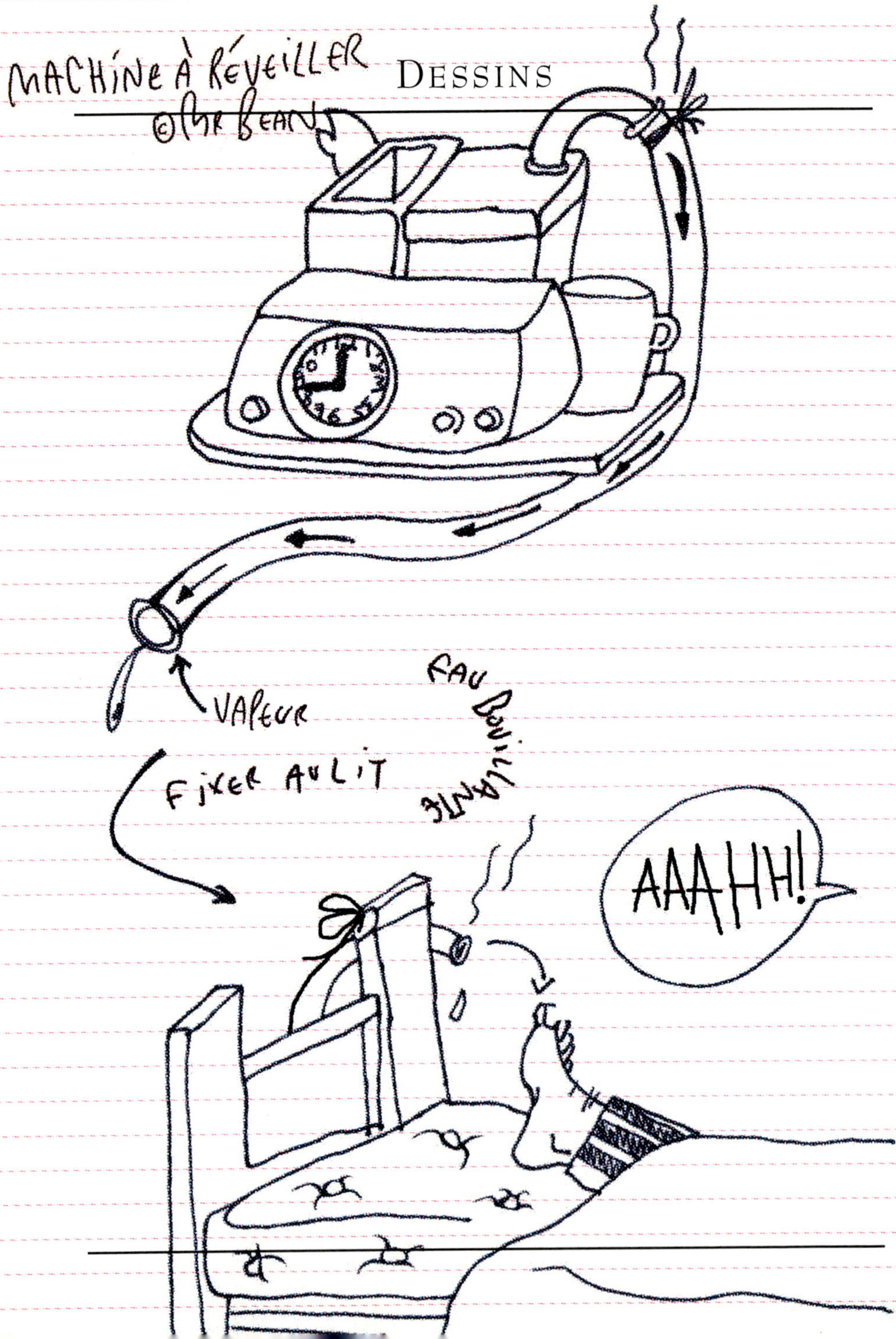
MACHINE À RÉVEILLER
©Mr BEAN
VAPEUR
EAU BOUILLANTE
FIXER AU LIT
AAAHH!

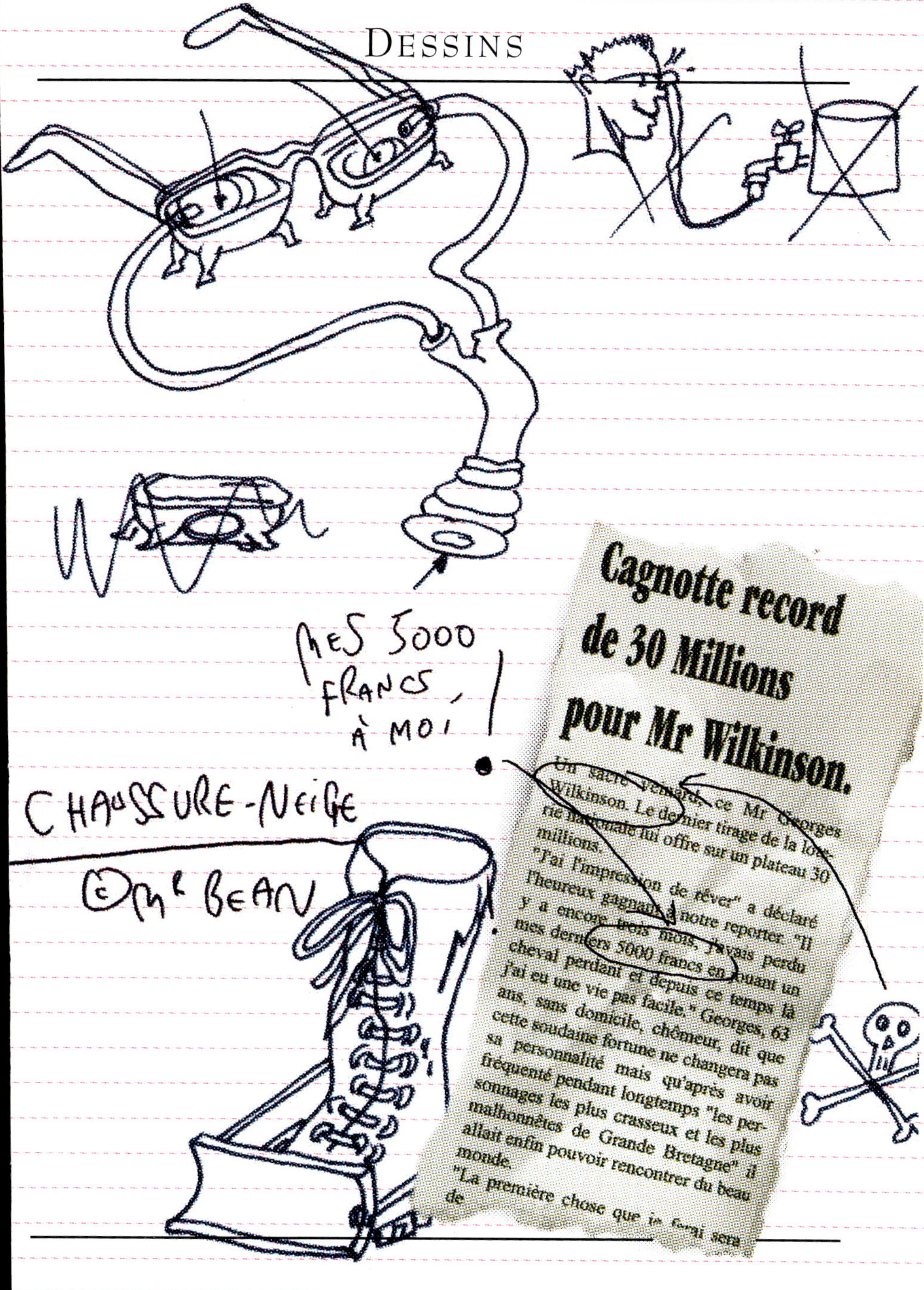

Cagnotte record de 30 Millions pour Mr Wilkinson.

Un sacré veinard, ce Mr Georges Wilkinson. Le dernier tirage de la loterie nationale lui offre sur un plateau 30 millions.

"J'ai l'impression de rêver" a déclaré l'heureux gagnant à notre reporter. "Il y a encore trois mois, j'avais perdu mes derniers 5000 francs en jouant un cheval perdant et depuis ce temps là j'ai eu une vie pas facile." Georges, 63 ans, sans domicile, chômeur, dit que cette soudaine fortune ne changera pas sa personnalité mais qu'après avoir fréquenté pendant longtemps "les personnages les plus crasseux et les plus malhonnêtes de Grande Bretagne" il allait enfin pouvoir rencontrer du beau monde.

"La première chose que je ferai sera de

L'AGENDA DE MISTER BEAN

Design : Nigel Davies *pour* Titan Studio
Photographies : Paul Forrester
Photographie couverture : STILLS
Photographie dos de couverture : Roger FSP Gamma
Direction artistique & adaptation graphique : le Village
(Isabelle Chassagne & Marc Bruckert)

Remerciements particuliers à Jason Cooper

Achevé d'imprimer en France
par l'imprimerie Hérissey, à Évreux (Eure)
Dépôt légal Novembre 1999
N° d'imprimeur : 85360